세븐 파워

세븐 파워

초판 1쇄 발행 2022년 8월 31일

지은이 해밀턴 헬머 / **옮긴이** 유지연

펴낸이 조기흠
기획이사 이홍 / **책임편집** 유소영 / **기획편집** 정선영, 박의성, 박단비, 전세정
마케팅 정재훈, 박태규, 홍태형, 김선영, 배태욱, 임은희 / **디자인** 필요한 디자인 / **제작** 박성우, 김정우

펴낸곳 한빛비즈(주) / **주소** 서울시 서대문구 연희로2길 62 4층
전화 02-325-5506 / **팩스** 02-326-1566
등록 2008년 1월 14일 제 25100-2017-000062호

ISBN 979-11-5784-608-5 03320

이 책에 대한 의견이나 오탈자 및 잘못된 내용에 대한 수정 정보는 한빛비즈의 홈페이지나
이메일(hanbitbiz@hanbit.co.kr)로 알려주십시오. 잘못된 책은 구입하신 서점에서 교환해드립니다.
책값은 뒤표지에 표시되어 있습니다.

🏠 hanbitbiz.com 📘 facebook.com/hanbitbiz Ⓝ post.naver.com/hanbit_biz
▶ youtube.com/한빛비즈 📷 instagram.com/hanbitbiz

지금 하지 않으면 할 수 없는 일이 있습니다.
책으로 펴내고 싶은 아이디어나 원고를 메일(hanbitbiz@hanbit.co.kr)로 보내주세요.
한빛비즈는 여러분의 소중한 경험과 지식을 기다리고 있습니다.

위대한 기업이 되는 7가지 전략

세븐 파워

COUNTER-POSITIONING

SCALE ECONOMIES

SWITCHING COSTS

NETWORK ECONOMIES

PROCESS POWER

BRANDING

CORNERED RESOURCE

7 POWERS

카운터 포지셔닝

규모의 경제

전환 비용

네트워크 경제

프로세스 파워

브랜딩

독점자원

《세븐 파워》에 쏟아진 찬사

해밀턴 헬머는 최고의 사상가다. 그는 현실에 적용할 수 있는 훌륭한 통찰들을 제시한다. 스포티파이에서는 새로운 계획을 논의할 때 7파워를 널리 활용한다. 그가 뽑아낸 전략적 파워의 주요 유형들과 그것을 찾아내고 활용하고 유지하는 방법들은 모든 단계의 기업에 멋진 도구가 된다.

_대니얼 엑(Daniel Ek, 스포티파이 공동설립자 겸 CEO)

경쟁의 힘은 믿을 수 없을 정도로 강력하다. 모두가 당신의 점심을 노리고 있다. 이 책을 읽지 않는다면 당신은 훨씬 더 빨리 사라질 것이다.

_리드 헤이스팅스(Reed Hastings, 넷플릭스 공동설립자 겸 CEO)

이 책은 경쟁 우위의 지속적인 원천에 대해 생각할 수 있는 명확하고, 설득력 있고, 통찰력 넘치는 프레임워크를 제시한다. 헬머는 30년의 경험을 바탕으로 기업이 파워를 확립하고 산업을 형성하는 방법에 대해 상세히 분석한다. 더불어 각 장마다 이해를 돕는 흥미로운 사례들을 제시한다.

_조너선 레빈(Jonathan Levin, 스탠퍼드 경영대학원 필립 나이트 학장)

해밀턴 헬머는 전략이 발명에서 시작된다고 생각한다. 그는 무엇을 개발할지에 대해서는 알려줄 수 없지만 가치 있는 비즈니스가 되기 위해 새로운 발명을 하려면 무엇이 필요한지에 대해서는 알려줄 수 있다.

_피터 틸(Peter Thiel, 기업가 겸 투자자)

《세븐 파워》는 전략을 개발하는 모든 기업가에게 필수적인 지침을 제공한다. 나는 해밀턴이 어도비의 전략 조언자로 일하던 시절부터 10년 넘게 그와 알고 지내왔다. 이제 그가 독창적이고 설득력 있는 비즈니스 통찰을 공유하게 되어 매우 기쁘다.

_브루스 치즌(Bruce Chizen, 어도비 전 CEO)

해밀턴은 열정과 좋은 비즈니스를 설득력 있게 연결하는 깊이 있는 사상가다. 면밀히 숙고한 그의 아이디어는 현명하고 도전적이다. 나는 그의 의견을 언제나 기대한다.

_피트 닥터(Pete Docter, 픽사 감독,
〈업 Up〉과 〈인사이드 아웃 Inside Out〉으로 아카데미상 2회 수상)

적은 결정을 현명하게 내리는 것이 많은 결정을 올바르게 내리는 것보다 훨씬 더 중요하다. 해밀턴 헬머는 세계에서 가장 성공적인 기업의 리더들이 어떻게 적은 결정을 올바르게 내리는지 정확히 설명한다.

_마이크 모리츠(Mike Moritz, 세쿼이아 캐피털 회장)

실리콘밸리는 실행과 문화에 매우 큰 가치를 둔다. 하지만 나는 이로 인해 때때로 전략의 중요성을 과소평가하게 된다고 생각한다. 해밀턴 헬머의 예리한 연구가 이를 바로잡는 데 도움이 되기를 바란다.

_패트릭 콜리슨(Patrick Collison, 스트라이프 공동설립자 겸 CEO)

《세븐 파워》는 기업 가치의 핵심 동인을 이해하고 시장에 잘 알려지지 않은 아이디어들을 포착하는 매우 혁신적인 접근법이다. 그리고 그 결과는 내가 본 것 중 가장 이례적이고 지속적인 수익률이었다.

_블레이크 그로스먼(Blake Grossman, 바클리 글로벌 투자사 전 CEO)

이 책은 사업을 시작하거나 키우는 사람이라면 반드시 읽어야 할 책이다. 경쟁 환경에서 전략적 우위를 구축하고 유지하는 것에 대해 영감을 주는, 멋지고 통찰력 있는 프레임워크를 제시한다.

_대프니 콜러(Daphne Koller, 코세라 공동설립자 겸 전 사장)

스타트업은 매력적인 투자 대상이 되기 위해 관심을 끌 수 있는 설득력 있는 방법을 갖추어야 한다. 그렇지 않으면 돈을 낭비하는 밑 빠진

독에 불과하다. 《세븐 파워》는 이러한 관심을 얻기 위한 전략을 제시하고 그러한 전략을 달성하는 데 필요한 요건들을 상세히 설명한다. 사업을 시작하는 사람이라면 누구나 이 책을 읽어야 한다.

_손 오설리번(Sean O'Sullivan, SOSV 설립자 겸 매니징 파트너)

전략학의 대가 해밀턴은 40년의 연구와 경험을 한 권의 책으로 압축했다. 이 책을 읽으면 모든 곳에서 7파워를 볼 수 있는 이득을 얻을 것이다.

_마크 바움가트너(Marc Baumgartner, 프린스턴 고등연구소 최고투자책임자)

멘토 그래픽스는 20년 동안 해밀턴과 지속적인 컨설팅을 통해 많은 이득을 얻었고, 그의 여러 아이디어와 원칙들을 전략의 핵심에 통합했다. 이 책은 그러한 아이디어와 원칙을 강력한 프레임워크와 어휘로 통합하여 기업이 경쟁 영역에서 어떤 위치에 있는지 설명하고 분석할 수 있게 해준다. 이 책은 강력한 작품이다.

_그레그 힌클리(Greg Hinckley, 멘토 그래픽스 사장)

추천사
_리드 헤이스팅스(Reed Hastings, 넷플릭스 공동설립자 겸 CEO)

상상하기 어렵겠지만 나와 해밀턴의 관계는 순전히 의례적인 만남에서 시작되었다. 2004년 9월 29일, 내 달력에 적힌 빼곡한 일정 가운데 넷플릭스의 헤지펀드 투자자인 스트레티지 캐피털Strategy Capital을 설립한 그와 래리 틴트Larry Tint의 방문이 있었다. 당시 넷플릭스는 DVD 우편 대여 사업을 하는 작은 회사였고, 주식시장에 상장된 지 2년 반밖에 되지 않은 상태였다.

보통 이러한 회의에서 투자자들은 경영진을 파악하고 회사의 추가적인 특징을 탐색한다. 다시 말해, 회사를 대략적으로 점검해보는 것이다. 그러나 해밀턴과 래리는 전혀 생각하지 못한 참신한 방향으로 회의를 이끌었다. 해밀턴은 그의 새로운 프레임워크인 파워 동역학의 개요를 설명하는 것으로 시작했고, 그 프레임워크를 활용해 넷플릭스의 전략 과제에 대한 날카로운 평가를 제시했다. 예리하고 놀라운 통찰이었다. 그 회의는 금세 의례적인 만남이 아닌 중요한 자리가 되었다.

해밀턴이 남긴 인상은 내게 깊이 머물렀고, 5년 뒤 하나의 아이디어로 스며들었다. 2009년 무렵, 우리는 블록버스터의 실존적 위협을 뒤로하고 매출 17억 달러를 향해 나아가고 있었다. 이는 어렵게 이룬 발전이었지만 우리의 전략 과제 또한 만만치 않았다. DVD 우편 대여는 과도기적 기술이 분명했기 때문에 자체 콘텐츠를 제작하는 레드엔벌로프 Red Envelope 사업은 시간이 많지 않았다. 그리고 우리보다 훨씬 더 많은 자원을 가진 구글, 아마존, 타임워너, 애플 같은 거대 경쟁자와 맞붙을 가능성이 점차 커지고 있었다.

내가 사업가로 일하며 몇 년 동안 배웠듯이 전략은 특이한 짐승이다. 나와 넷플릭스 구성원들의 시간은 대부분 우수한 실행을 달성하는 데 사용되어야 한다. 그렇게 하지 못한다면 우리는 분명 비틀거릴 것이다. 그러나 안타깝게도 그러한 실행만으로는 성공을 보장할 수 없다. 전략을 제대로 세우지 않는다면 위험에 처하게 된다. 나는 IBM PC의 교훈을 기억할 만큼 오랫동안 이 분야에 몸담아왔다. IBM은 획기적인 제품을 내놓았고 고객의 반응은 놀라웠다. 제품이 발표되자마자 4만 대가 팔려나갔고 출시 첫해에 10만 대 이상이 판매되었다. 누구도 본 적 없는 성과였다. IBM의 실행은 나무랄 데 없이 완벽했고, 그들의 우수한 경영은 한 치의 오차도 없었다. 당시 다른 회사가 IBM처럼 실수 없이 빠르게 생산량을 늘리는 것은 상상하기 어려울 것이다. IBM의 마케팅 또한 탁월했다. 찰리 채플린이 새로운 컴퓨팅 세계에 온 것을 환영하며 친근한 얼굴로 광고에 등장했던 것을 기억하는가?

그러나 IBM은 전략을 잘못 세웠다. 마이크로소프트에 OS를 아웃소싱하고 다른 회사에 판매할 수 있도록 허용했던 것이다. 이로 인해 IBM은 시스템360을 메인프레임 시장의 거물로 키워냈던, 일종의 네트워크 경제를 실현할 홈런 기회를 날리고 말았다. 그 후 마이크로프로세서용 애플리케이션을 홍보하고 있음에도 불구하고 마이크로프로세서를 인텔에 아웃소싱하기로 결정하면서 또다시 중요 영역을 넘겨주었다. 결과적으로 IBM은 PC의 운명을 매력적이지 않은 상자 조립 사업으로 전락시켰고, 아무리 노력해도 이를 바로잡을 수 없었다. 2005년, 결국 IBM은 레노버에 헐값으로 PC 사업을 넘기는 불가피한 결말을 맞이했다.

2009년의 내 문제로 돌아가 보자. 내 앞에 놓인 질문은 '어떻게 하면 넷플릭스에서 신중한 전략 수립을 활발히 추진할 수 있을 것인가?' 였다. 다행히 그때까지 우리는 고유의 문화를 키우기 위해 많은 노력을 기울였고, 그것이 해결의 열쇠가 되었다. 우리는 그동안 회사에 체화하고자 열심히 노력했던 바로 그 가치들을 이용해 도전적인 전략 환경에 맞설 수 있었다.

2009년 8월에 공개된 '컬처덱Culture Deck'에서 우리는 매우 가치 있는 아홉 가지 행동을 규정했다. 그중 첫 번째는 '판단Judgement'이다.

• 당신은 애매한 상황에서도 현명한 결정을 내린다.
• 당신은 현상을 다루는 것을 넘어 근본적인 원인을 밝힌다.
• 당신은 전략적으로 사고하며 당신이 하려는 일과 하지 않으려는 일을

분명히 설명할 수 있다.

- 당신은 지금 잘 해야 할 일과 나중에 개선할 수 있는 일을 영리하게 구분한다.

현명, 근본 원인, 전략적 사고, 영리한 우선순위 결정. 나는 이 모두가 전략과 연계되는 것이 타당하다고 생각했다. 하지만 우리 문화에 충실하기 위해서는 고위 경영진이 전략에 대한 자신들의 견해를 그대로 강요할 수 없었다. 대신 직원들이 자신의 업무에 전략을 유연하게 적용할 수 있도록 전략의 지렛대에 대한 직원들의 이해를 발전시켜야 했다. 그래야만 통제가 아닌 맥락을 통한 관리라는 우리 문화의 다른 기둥을 존중할 수 있었다.

그러나 이러한 관점은 내게 딜레마를 안겨주었다. 전략은 복잡한 주제다. 어떻게 하면 구성원들이 이 '맥락'을 신속하게 배울 수 있을 것인가? 평생 동안 교육에 관심을 가졌던 나는 제임스 글릭이 《천재》라는 책에서 이야기한, 노벨 물리학상 수상자 리처드 파인만의 일화를 인상 깊게 기억하고 있었다. 당대 최고의 과학 교사 중 한 명이었던 파인만 교수는 양자역학이라는 어려운 분야에 대한 강의를 요청받았다. 파인만은 요청을 수락했으나 며칠 뒤 이렇게 말하며 약속을 철회했다. "제가 할 수 없다는 걸 아시죠. 그건 우리가 양자역학을 정말로 이해하지 못한다는 뜻입니다."

이와 마찬가지로 전략에 대한 우리의 도전 또한 분명했다. 가르칠 수 있을 만큼 '정말로 전략을 이해'한 사람이 있는가? 다행히 나는 해밀턴이 2004년 프레젠테이션에서 전략을 간결하게 요약했던 것이 기억났다. 나는 해밀턴과 대화를 시작했고 그의 고유한 자질을 점점 더 확신하게 되었다. 마침내 해밀턴은 넷플리스의 많은 주요 구성원에게 전략에 대한 근본적인 이해를 전달하는 프로그램을 개발했다. 이러한 노력은 큰 성공을 거두었고, 지금도 많은 구성원이 직장생활 최고의 교육 경험 중 하나였다고 당시를 되돌아본다.

해밀턴은 이 책이 보여주듯 매우 뛰어난 통합 능력과 커뮤니케이션 역량을 갖춘 사람이다. 사업가에게 널리 유용한 전략 프레임워크가 되기 위해서는 어떤 프레임워크든 조직이 직면하는 **모든** 주요 전략 문제를 해결해야 한다. 해밀턴은 기존 프레임워크들의 결점을 오래전부터 알고 있었다. 이에 대해 그가 제시한 해결책은 무엇인가? 바로 완전히 새로운 개념적 발전을 추진하고 통합하여 하나로 묶는 것이었다. 이 책에서 내가 인상 깊게 본 그러한 발전의 예시를 두 가지 들어 보려 한다.

- **카운터 포지셔닝**. 나는 한때 날카로운 비즈니스 통찰력으로 찬사를 받았지만 새로운 경쟁 현실에 적응하지 못한 강력한 기존 기업을 숱하게 보아왔다. 그 결과는 언제나 충격적인 추락이었다. 표면적인 현상만 보는 사람이라면 이를 비전과 리더십의 부재 탓으로 여길 것이다. 하지만 해밀턴은 그렇게 생각하지 않았다. 그는 카운터 포지셔닝 개념을 개발하여 겹겹의 층을 벗겨내고 이러한 상황 뒤의 더 깊은 현실을 자세히 들여다볼 줄 알았다. 해밀턴은 이러한 기존 기업들이 무너진

것은 비전이 없어서라기보다 그들이 완전히 예측 가능하고 경제적으로 합리적인 방식으로 행동하기 때문이라고 밝혔다. 사업 초기, 우리와 블록버스터의 싸움은 이러한 개념을 뒷받침한다.

- **파워의 발전**. 넷플릭스의 구성원들은 지금 달성해야 하는 핵심 사항에 집중하기 위해 어디에 주목할지 적극적으로 우선순위를 정한다. 이는 전략에도 마찬가지로 적용된다. 지금 바로 실행해야 할 전략 과제는 무엇인가? 유감스럽게도 기존의 전략 프레임워크는 이에 대한 지침을 거의 제공하지 않는다. 이러한 문제가 중요하다는 것은 인정되었으나 체계성, 신뢰성, 투명성을 갖춘 방식으로 이를 해결할 수 있는 프레임워크는 전혀 없었다. 해밀턴은 이 빈 자리를 어떻게 채웠는가? 그는 사업가가 직면하는 경쟁 단계별로 대략적인 시한을 설명하는 파워의 발전에 대한 이론을 수십 년에 걸쳐 개발하고 다듬었다. 이는 전략적 사고의 유용성 측면에서 놀라운 발전이다.

이러한 두 가지 발전은 광범위한 전략 문제의 근본을 파악하는 데 꼭 필요하다. 이것은 내가 해밀턴과의 만남에서 얻은 결실의 일부일 뿐이다. 이제 당신이 결실을 얻을 차례. 이 책에는 해밀턴이 수십 년 동안 컨설팅, 주식 투자, 강의에 몸담으며 개발한 수많은 통찰이 긴밀하게 통합되어 있다. 이것은 유례없이 명확하고 포괄적으로 전략을 정제한 결과물이다. 이 책은 비즈니스에 대한 당신의 사고방식을 바꾸고 당신의 중요한 전략 문제와 해결책을 당신이 명확히 이해하도록 도와

줄 것이다. 이 책은 해변에서 볼 만한 가벼운 읽을거리가 아닐 것이다. 아마 당신은 하룻밤에 이 책을 다 훑어보지 못할 것이다. 하지만 주의 깊게 읽는다면 두고두고 그만한 보상을 얻을 것이라고 확신한다.

내 삶의 기쁨인 가족에 이 책을 바칩니다.

차례

서문

전략 나침반

유명한 기업들의 성공 뒤에는 급격한 변화가 몰고 온 깊은 불확실성 속에서 이루어진 몇 가지 결정적인 전략 선택들이 있었다. 이 중요한 선택들을 그르칠 경우 기업은 거듭되는 고통에 직면하거나 철저한 실패를 맛보게 된다. 올바른 선택을 하기 위해서는 전개되는 상황에 전략을 끊임없이 맞추어야 한다. 장황한 계획 사이클도, 어떤 외부 전문가도 올바른 선택을 보장해주지 않는다.

이러한 현실은 우리에게 다음과 같은 질문을 던진다. "전략의 본질Strategy에 대한 학문적 이해는 그러한 적응에 영향을 미치는가?" 비즈니스 조언자로, 주식 투자자로, 교수로 수십 년을 보낸 내 결론은 '그렇다'이다. 하지만 어렵게 얻은 이 결론에는 한 가지 주의할 점이 있다. 바로 "기회는 준비된 자에게만 온다"라는 파스퇴르의 유명한 격언이다. 전략은 분석적 요새로서의 역할이 아닌 현장에서 '준비된 사고'를 발전시키는 방안으로 활용될 때 가장 효과적이다.

이러한 실시간 전략 나침반의 역할을 다하기 위해서는 전략의 본질을 구성하는 프레임워크를 '단순하되 지나치게 단순화하지 않아야' 한다. 단순하지 않으면 나날의 활동에 적용할 때 개념들이 쉽게 유지되지 못하고 실효성이 떨어진다. 반면 지나치게 단순하면 중요한 사항을 놓칠 위험이 있다. 하지만 전략을 실행하는 것은 말처럼 쉽지 않다. 전략의 본질만큼 복잡한 주제에서 '단순하되 지나치게 단순화하지 않는 것'은 극복하기 힘든 난관이다.

나 같은 괴짜를 받아들인 빌 베인Bill Bain의 개방성 덕분에 나는 1978년에 대학원을 졸업하고 곧바로 베인앤드컴퍼니Bain & Company에서 전략 커리어를 시작할 수 있었다. 마이클 포터Michael Porter 교수의 획기적인 저서 《마이클 포터의 경쟁전략》이 아직 출간되지 않았던 당시, BCG와 베인앤드컴퍼니는 기업들에 전략 감수성Strategy sensibility을 심는 데 열을 올렸고, 오늘날 경영 컨설팅에서 가장 높이 평가되는 두 브랜드를 구축하는 중이었다. 전략의 본질은 이후 수십 년에 걸쳐 이론적 경험적 측면에서 하나의 학문으로 큰 발전을 이루었다. 그럼에도 불구하고 전략의 본질에 대한 현재의 프레임워크는 '단순하되 지나치게 단순화하지 않는다'라는 난제를 풀지 못하고 있다. 단순한 프레임워크는 지나치게 단순하고, 덜 단순한 프레임워크는 여전히 복잡하다.

7파워는 수백 건의 컨설팅 프로젝트와 수십 년의 왕성한 주식 투자 경험을 바탕으로 정립한 전략의 본질에 대한 프레임워크로, 이러한 장애물을 뛰어넘는다. 7파워는 매력적인 전략적 지위를 모두 다루고 있기 때문에 지나치게 단순하지 않다. 뿐만 아니라 파워에 단일하게 초점을 두고 있어 어떤 사업가도 배우고 기억하고 활용할 수 있을 만큼 단순하다. 7파워는 전략의 본질을 작동시키는 주요 수단에 대한 공통되고 실행 가능한 이해로서 기업 내부에서 성공적으로 활용될 수 있으며, 실제 그렇게 활용되어왔다. 당신의 사업이 이들 일곱 가지 파워 유형 중 최소한 하나라도 갖추지 못한다면 당신은 실행 가능한 전략이 없는 취약한 상태에 놓일 수밖에 없다.

내가 이 책을 쓰는 목표는 당신이 전략 개발이라는 위험한 모래톱을 유연하게 항해할 수 있도록 돕기 위해서다. 나는 당신이 운영하는 개별 사업에 대해 구체적인 조언을 제시하지는 않을 것이다. 그보다 당신이 처한 전략적 상황을 종합적으로 통찰할 수 있는 렌즈를 제공할 것이며, 이 렌즈는 당신이 해결해야 하는 중대한 전략 과제들을 두드러지게 보여줄 것이다. 하지만 아이러니하게도, 이 책이 실용적인 가치를 지니려면 이론을 다루어야만 한다.

이 책을 읽고 7파워를 받아들인다면 당신은 파스퇴르가 말한 '준비된 사고'를 갖추게 될 것이며, 파워를 형성할 수 있는 보기 드문 기회를 발견하고, 창출하고, 포착할 준비를 완료할 것이다. 당신의 성공은 여기에 달려 있다.

'지나치게 단순화하지 않는 것'이 먼저다

우리는 이제 전략의 본질을 살펴보기 위한 여정을 시작할 것이다. 이 여정을 마치고 나면 당신은 7파워에 정통해질 것이다. 이를 통해 전략의 본질에 대한 실행 가능한 이해를 갖춤으로써 당신은 사업의 향배를 좌우할 결정적인 변화의 시기에 나아갈 방향을 찾을 수 있을 것이다.

중대한 시기에 내린 옳은 결정은 막대한 보상으로 돌아온다. 하지만 이 같은 높은 수익에는 앞서 논의한 높은 장애물이 뒤따른다. 전략의 본질이 유용한 인지적 지침으로 정립되기 위해서는 그 교훈이 단순하지만 지나치게 단순화하지 않은 프레임워크로 정제되어야 한다.

7파워가 이 장애물을 뛰어넘는다는 것을 당신에게 확신시키기 위해 나는 어떻게 파워가 근본적인 잠재 사업 가치에 영향을 미치는 동인으로 작용하는지 서문에서 자세히 설명할 것이다. 공식적으로 설명된 이러한 연관성을 통해 당신은 이 책이 '지나치게 단순화하지 않은', 즉 포괄적인 내용을 담고 있음을 확실히 알 수 있을 것이다. 각 파워 유형을 다룬 제1장~제7장은 7파워를 만들기 위한 토대를 구축한다. 여러 사업가와 일해온 내 경험에 비추어볼 때, 그 결과물은 지속적인 전략 나침반의 역할을 수행할 만큼 충분히 '단순하다.'

이제 실리콘밸리에서 시작된 가장 중요한 기업 가운데 하나인 인텔Intel에 대해 간단히 살펴보자. 인텔은 극적인 성공과 극적인 실패를 모두 겪은 보기 드문 사례라는 점에서 특히 인상적인 기업이다. 이 흔치 않은 교차점을 통해 우리는 성공의 동인들을 구분해낼 수 있다. 나는 이 책의 핵심 개념인 파워를 정의하고, 전략의 본질Strategy(학문적 이해)과 전략strategy(단일 사업의 구체적인 접근법)을 규정하는 데 이 사례를 활용할 것이다.

인텔,
주요 광맥을 찾다

인텔의 경이적인 성공을 이해하기 위해 실리콘밸리의 시초였던 50여 년 전으로 돌아가보자. 1968년, 로버트 노이스Robert Noyce와 고든 무어Gordon Moore는 모회사인 페어차일드 카메라앤드인스트루먼트Fairchild Camera and Instrument의 경영구조에 질려 페어차일드 반도체Fairchild Semi-conductor를 떠나 캘리포니아 산타클라라에서 인텔[1]을 설립했다. 그 후 인텔은 첫 번째 마이크로프로세서를 개발했고, 이는 오늘날 그들이 지탱하고 있는 수많은 유비쿼터스 기술(인터넷, 검색, 소셜미디어, 디지털 엔터테인먼트)은 물론 개인용 컴퓨터와 서버에도 중요한 순간이었다. 인텔이 없었다면 우리에게는 구글도, 페이스북도, 넷플릭스도, 알리바바도, 오라클도, 마이크로소프트도 없었을 것이며, 한마디로 현대 사회가 존재하지 않았을 것이다.

오늘날 우리에게 인텔이라는 이름은 성공의 대명사로 여겨진다. 노이스와 무어가 세운 보잘것없는 이 스타트업은 거의 반세기 동안 마이크로프로세서 분야에서 모두가 인정하는 선두기업으로 올라섰다. 매출 500억 달러, 시가총액 1500억 달러를 자랑하며 이느 모로 보아도 경이적인 성공을 거둔 것이다.

하지만 이 같은 성공은 어떻게 그리고 왜 펼쳐지는가? 전략학은 바로 이 질문을 연구한다. 전략의 본질을 공식적으로 정의하면 다음과 같다.

전략의 본질:
사업의 잠재 가치를 결정하는 근본 요인에 대한 연구

이 책에서는 (사업 가치를 창출하는 토대를 밝히기 위해) 실증적 측면과 (각자의 사업에서 가치 창출을 위해 노력하는 사업가들에게 길잡이를 제공하기 위해) 규범적 측면의 두 가지 목적에서 전략의 본질을 다룬다.

경제학의 논리 체계에 따르면 전략의 본질은 두 가지 주제로 나눌 수 있다.

- **정역학 – "특정 상태를 유지하는 것"**: 인텔이 마이크로프로세서 사업에서 오랫동안 높은 가치를 창출하게 만든 요인은 무엇인가?

- **동역학 – "특정 상태에 이르는 과정"**: 인텔은 처음에 어떤 발전 과정을 거쳐 이렇게 매력적인 사업 지위에 이르렀는가?

이 두 가지는 전략학의 핵심을 이루며, 복잡하게 뒤섞인 부분들이 있지만 상호 보완적이면서 매우 상이한 연구들로 이어진다. 우리는 이 책의 제1부와 제2부에서 이러한 내용들을 주제로 다룰 것이다.

우선 지금은 인텔의 사례로 돌아가자. 인텔의 결정적인 성공은 오늘날 컴퓨터의 두뇌인 마이크로프로세서에서 비롯되었다. 하지만 뜻밖에도 인텔의 출발점은 마이크로프로세서 사업이 아니었다. 처음에 인텔은 컴퓨터 메모리 사업을 추진했고, 스스로를 '메모리 회사'로 칭했다. 마이크로프로세서의 발명은 일본의 계산기 회사 비지컴Busicom의 칩셋 개발 의뢰에서 시작되었다. 인텔이 비지컴의 개발 의뢰를 받아들인 것은 그저 메모리 사업에 필요한 자금을 마련하기 위해서였다. 그러나 오랜 개발 기간 끝에 마이크로프로세서는 성장 동력을 확보했고, 인텔의 두 사업은 다른 방향으로 갈라져 메모리 사업의 가치는 0달러인 반면 마이크로프로세서 사업의 가치는 1500억 달러에 이르렀다.

이러한 과정을 보면 한 가지 의문이 생긴다. '어째서 인텔은 마이크로프로세서 사업에서 성공한 반면 메모리 사업에서 실패했는가?' 두 사업은 공통적으로 수많은 우위를 누리고 있었다. 인텔은 각 시장의 선도 업체였으며, 두 분야 모두 규모가 크고 빠르게 성장하는 반도체 사업으로 인텔의 뛰어난 경영력, 기술력, 자본력이 뒷받침되어 있었다. 그렇다면 정반대의 결과가 나온 이유는 메모리 사업과 마이크로프로세서 사업의 공통 영역 밖에 있을 것이 분명하다. 그 답은 무엇인가? 어째서 한 사업은 성공하고 다른 사업은 실패했는가?

나는 경제학자이며, 따라서 아비트리지*를 만들어내는 경쟁의 힘을

---

* arbitrage. 본래 두 개 이상의 시장에서 동일 상품이 다른 가격에 판매될 때 가격 차이를

존중한다. 인텔의 메모리 사업 철수는 이 힘을 완벽하게 반영한다. 인텔은 훌륭한 리더십과 탁월한 운영 능력을 발휘했으나 어떤 것도 메모리 사업의 쇠퇴를 막지 못했다. 그러나 마이크로프로세서 사업은 어째서인지 이 운명을 벗어났다. 메모리 사업과 다른 무언가가 있었던 것이다. 그것은 아비트리지를 피해 인텔이 오늘날 주가의 밑바탕이 되는 매력적인 수익을 계속 창출할 수 있게 만들었다. 이러한 성공은 경쟁이 없었기 때문 역시 아니었다. 수십 년 동안 마이크로프로세서 사업의 경쟁은 메모리 사업만큼이나 극심했다. IBM, 모토롤라, AMD, 자일로그, 내셔널세미컨덕터, ARM, NEC, TI를 비롯해 수많은 기업이 마이크로프로세서 사업에 수십억 달러를 쏟아부었다.

우리는 인텔의 마이크로프로세서 사업이 현금 흐름을 크게 개선하는 동시에 경쟁 아비트리지를 억제하는 보기 드문 특성을 갖추고 있었다고 생각할 수밖에 없다. 나는 이러한 특성을 **파워**라고 부른다.[2]

파워: 지속적이고 차별적인 수익 잠재력을 창출하는 특정 요건들

파워는 전략의 본질을 이루는 핵심 개념이자 이 책의 핵심 주제다. 도달하기 어려운 것으로 악명 높지만 관심 있게 살펴보고 연구할 만한 가치가 충분한, 비즈니스의 성배라고 할 수 있다. 이 책의 목적은 파워

이용해 수익을 얻는 거래 행위를 뜻하는 용어이나 이 책에서는 경쟁을 통해 더 나은 제품과 서비스가 제공되어 가격이 낮아지거나 새로운 공급자로 대체되는 시장의 움직임을 뜻하는 넓은 의미로 사용된다. ─옮긴이(이하, 본문의 각주는 모두 옮긴이 주이다.)

를 만드는 특정 요건(제1부: 정역학)과 파워를 확보하는 방안(제2부: 동역학)을 자세히 살펴보는 것이며 이 또한 어렵지만 충분히 가치 있는 일이다.

만트라[3]

인텔의 사례에서 마이크로프로세서 사업은 파워가 있었으나 메모리 사업은 그렇지 않았고, 이 차이는 완전히 다른 결과를 가져왔다. 인텔이 오랫동안 유지하고 있는 1000억 달러대의 시가총액은 대규모 수입원에 적용된 파워를 반영한다. 그러한 결과는 모든 기업의 목표이며, 따라서 다음과 같이 전략(한 기업의 전략)을 정의할 수 있다.

전략strategy**: 의미 있는 시장에서 파워를 유지하는 방법**

나는 이러한 정의를 만트라Mantra라고 부른다. 전략의 요건이 가진 포괄적 특징을 규정하기 때문이다.

하지만 만트라의 포괄적 특성에도 불구하고 나는 전략의 정의를 상당히 제한했다. 비즈니스에서 전략은 여기저기 흔히 쓰이는 용어로 자리 잡았다. 구글 학술검색에서 '전략'에 대한 논문을 검색하면 515만 건이라는 엄청난 결과가 나온다. 지난 수십 년 동안 비즈니스 이론가와 기업문제해결 전문가는 '전략' 혹은 '전략적'이라는 용어를 붙여 거의 모든 문제를 숭요노 높게 상소하는 경향을 보여왔다. '건랴저 공급자' '고객 전략' '조직 전략' '전략 계획'처럼 말이다. 이 같은 용어 사용이 본질적으로 틀린 것은 아니지만 내 생각은 다르다. 수십 년 동안 강단과 기업 현장을 경험하며 나는 비주류의 견해를 받아들임으로써, 즉 전략의 본질과 전략을 좁은 의미로 정의함으로써 상당한 개념적 명확성을 얻고 개념의 유용성을 높일 수 있다고 확신했다. 다시 말해, 전략의 정의에서는 적을수록 더 좋다.

'전략의 본질'과 '전략'에 대한 논의를 좁히기 위해 추가로 두 가지 설명이 필요하다. 첫째, 게임이론은 전략의 본질과 중요한 교집합을 갖고 있으나(예를 들어, 아비트리지라는 개념은 참가자들이 계속해서 게임에 최선을 다하는 과정에 비유될 수 있다), 게임이론에서 전략의 정의는 단지 한 참가자가 취할 수 있는 행동의 집합을 나타내며, 따라서 내 정의보다 훨씬 더 포괄적이다. 게임이론에서는 내시 균형 같은 최적 전략조차 가치 창출의 개념을 내포하지 않는다. 인텔의 메모리 사업 철수는 게임이론에서 최적의 선택으로 보일 수 있지만 파워를 확보하는 방안에 대해서는 논의되지 않는다. 우리가 가치 창출을 비즈니스에서 가장 중요한 규범적 기준으로 여긴다면 게임이론만으로는 전략의 본질에 대한 규범적 프레임워크를 제공하는 데 충분하지 않다.[4]

둘째, 내 정의는 선택의 영리함에 집중하는 학설, 다시 말해 《손자병법》을 읽거나 유명 컨설팅 회사를 고용하면 어떻게든 레몬으로 레몬에이드를 만들 수 있다는 생각과 거리가 멀다. 나는 일부러 이러한 사고방식을 무시했다. 사업가들은 대개 똑똑하고, 명확한 동기가 있으며, 넓은 식견을 갖고 있다. 확고하게 자리 잡은 기업의 경우 이러한 영리함은 보통 아비트리지를 끊임없이 요동치게 만든다. 물론 영리함은 가치 창출을 위해 필요하지만 비교적 평범한 요소이며 그것만으로는 전혀 충분하지 않다.

가치

지금까지 나는 '전략의 본질'과 '전략'을 별도로 정의했다. 전략의 본질은 가치와, 전략은 파워와 관련된다.

경제학자로서 나는 그러한 정의를 명확히 설명하기 위해 약간의 수학을 사용하곤 한다. 다음 수식을 통해 가치를 전략의 정의와 연결함으로써 '전략의 본질'과 '전략'의 연계성을 규명해보자.

이 책의 목적에 따르면 '가치'는 근본적인 절대 주주가치[5]를 말한다. 이는 주주들이 개별 기업의 전략적으로 분리된 사업영역에서 비롯된 것으로 여기는 계속기업가치를 의미한다. 여기에 가장 가까운 대쳇값은 그 활동에서 발생할 것으로 예상되는 미래 잉여현금 흐름Free Cash Flow; FCF[6]의 순현재가치Net Present Value; NPV다.

$$NPV = \Sigma(CF_i/[1+d]^i)$$

$CF_i \equiv$ i 기간 동안 예상되는 잉여현금 흐름
$d \quad \equiv$ 할인율

잉여현금 흐름의 NPV를 수학적으로 동등하면서[7] 더 적절한 공식으로 표현하면 다음과 같다.

$$\text{NPV} = M_0 \, g \, \bar{s} \, \bar{m}$$

$M_0 \equiv$ 현재 시장 규모

$g \equiv$ 할인된 시장 성장 요인

$\bar{s} \equiv$ 장기 시장점유율

$\bar{m} \equiv$ 장기 차별적 마진(자본 비용을 초과하는 순이익률)

따라서, $\boxed{\text{Value} = M_0 \, g \, \bar{s} \, \bar{m}}$

나는 이 공식을 전략의 본질에 대한 기본 방정식Fundamental Equation of Strategy이라고 부른다. 전략의 정의를 다시 생각해보자.

전략: 의미 있는 시장에서 파워를 유지하는 방법

M_0과 g의 곱은 시간의 흐름에 따라 변하는 시장 규모를 반영한다. 따라서 전략의 정의에서 '의미 있는 시장'을 나타낸다. 경쟁 아비트리지의 영향은 이익률과 시장점유율로 함께 표현된다. 따라서 장기 차별적 마진이 플러스로 유지되면서 시장점유율이 유지 혹은 증가될 경

우,[8] 파워의 수식은 다음과 같다.

$$\text{잠재 가치} = [\text{시장 규모}] * [\text{파워}]$$

이것은 잠재 가치를 나타내며, 그 가치를 달성하기 위해서는 운영의 탁월성이 요구된다. 이 수식을 통해 인텔을 살펴보면 메모리 사업과 마이크로프로세서 사업 모두 대규모 시장(M_0g)임을 확인할 수 있다. 그렇다면 두 사업이 전혀 다른 가치를 만들어낸 이유는 무엇인가? 앤디 그로브Andy Grove의 경영 체제에서 운영의 탁월성은 표준으로 확립되어 있었다. 따라서 차이를 만든 요인은 바로 파워였다. 시간이 지나면서 경쟁 아비트리지는 메모리 사업의 $\overline{m}$을 마이너스로 만든 반면, 파워는 마이크로프로세서 사업의 $\overline{m}$을 높은 수준의 플러스로 유지할 수 있게 만들었다.[9]

이어지는 주제들

간단한 수학을 통해 내가 제시한 전략의 정의가 가치를 포괄적으로 표현한 것임을 확인했다. 게다가 이 정의는 규범적 측면도 포함한다. 따라서 '만트라'의 요건을 이행하면 당신은 비즈니스 가치를 창출할 것이다. 또 하나 중요한 것은 이 정의가 정역학과 동역학을 모두 아우른다는 점이다.

하지만 내가 제시한 선택의 정의가 아직 만족스럽지 않을 수도 있다. 기본 방정식 외에 아무것도 보여주지 않았기 때문이다. 정확히 어떤 요건들이 오래 지속되는 차별적 수익을 창출할 가능성이 높은지 지금까지는 전혀 알 수 없는 상태다. 이는 7파워 프레임워크와 이어지는 장들의 목표이며 이 책의 핵심 내용이다. 만트라를 운영상 의미 있게 만들 수 있으려면 우선 파워의 구체적인 유형을 규명하고 각 유형이 어떻게 지속되는지 자세히 설명해야 한다.

그러면 본문에서 다룰 몇몇 주제를 살펴보며 서문을 마무리하자.

- **인내심**. 전략의 본질에 대한 기본 공식은 m(차별적 마진)을 일정한 값으로 둔다. 가치 평가나 M&A, 가치 투자를 해본 사람이라면 비즈니스 가치의 대부분이 후속 연도들에 발생한다는 사실을 잘 알 것이다. 빠르게 성장하는 기업의 경우 이는 더욱 두드러지게 나타난다. m이 몇 년 동안 잠시 플러스였다가 점차 감소하거나 완전히 사라진다면 많은 수익을 내지 못할 것이다. 일반적인 가치 평가 모델을 사용해 예를 들어보자. 어느 기업이 매년 10퍼센트씩 성장하고 있다면, 다음 3년 동안의 이익은 전체 가치의 15퍼센트밖에 설명하지 못할 것이다.

앞서, **오래 지속되는** 차별적 수익을 창출하는 요건들을 '파워'라는 용어로 정의했음을 기억하라. 다시 말해, 우리는 그저 다음 해의 결과가 아닌 장기적인 경쟁 균형을 이해하려 하고 있다. 인텔의 현재 시가총액 1500억 달러는 높은 수익에 대한 투자자들의 기대뿐만 아니라 **매우 오랫동안** 지속될 높은 수익에 대한 기대 또한 반영한다. 따라서 인내심은 가치에 중점을 둘 때 핵심적인 특징으로 나타나며, 그러한 인내심은 전략의 본질에 대한 모든 이론이 동적균형이론이 되어야 함을 의미한다. 이것의 핵심은 난공불락의 요새를 확립하고 **유지하는** 것이다. 당신이 전략의 본질을 적용하려면 경쟁의 맹공격에도 끄떡하지 않고 쉽게 가치를 창출하는 보기 드문 요건들을 규명하고 개발해야 한다. 결국 인텔은 마이크로프로세서 사업에서는 이것을 해낸 반면 메모리 사업에서는 하지 못했다.

잠시 주제에서 벗어나지만 중요한 내용을 한 가지 살펴보자. 주식 시장이 **이번** 분기의 결과에만 주목한다는 일반적인 오해에 대해 내 의견을 밝히고자 한다. 이는 특히 인내심에 대한 우리의 논의와 관련된다. 이러한 가정이 사실이라면 인내심에 대한 논의를 모두 무시할 수 있기 때문이다. 하지만 장기적으로(즉 투기적 동요를 무시) 투자자들은 앞서 언급한 10퍼센트/15퍼센트 계산을 인식하고 있으며, 애널리스트들의 가치 모델은 이에 따라 움직인다(가치 모델은 장기간에 걸친 잉여현금 창출에 대한 투자자들의 기대를 반영한다). 물론 현재 성과의 변화는 투자자들의 기대를 상당 부분 재조정하는 결과를 낳을 수도 있다. 하지만 이는 투자자들이 단기 성과에만 신경 쓰기 때문이 아니라 현재 성과가 미래 성과를 가늠하는 중요한 지표이며 따라서 장기적인 기대를 형성하기 때문이다. 그러나 장기적인 기대를 입증하기 위해서는 여전히 인내심이 중요하다.

• **두 가지 특성.** 파워는 중요한 만큼 달성하기 어렵다. 앞서 설명했듯이 **사후적으로** 정의된 파워의 특성은 지속적인 차별적 수익이다. 따라서

우리는 **규모**와 **지속 기간**을 모두 고려하여 파워를 살펴보아야 한다.

1. **이득**Benefit. 파워에 의해 형성된 조건은 현금 흐름을 실질적으로 증대시켜야 하며, 이는 두 가지 특성 중 규모에 해당된다. 이득은 가격 인상, 비용 감소, 투자 요구 감소가 다양하게 조합되어 나타날 수 있다.

2. **장벽**Barrier. 이득은 현금 흐름을 증대시킬 뿐만 아니라 오래 지속되어야 한다. 파워의 조건에는 직접적 기능적으로 경쟁하는 기존 및 잠재 경쟁자들이 가치를 파괴하는 아비트리지에 참여하는 것(인텔은 메모리 사업에서 이러한 상황을 경험했다)을 방해하는 측면이 있어야 한다. 이것은 파워의 지속 기간에 해당된다.

본문에서 파워의 일곱 가지 유형을 자세히 설명하면서 각 유형의 고유한 이득/장벽 조합을 제시할 것이다. 이득은 기업에서 자주 볼 수 있는 조건으로 아주 생소하지는 않을 것이다. 사실, 비용 절감을 위한 주요 계획들은 모두 이득에 해당된다. 반면 장벽은 훨씬 보기 드문 조건들로 경쟁 아비트리지가 어디에나 존재한다는 현실을 나타낸다. 전략 전문가로서 내 조언은 '언제나 장벽을 먼저 생각하라'이다. 인텔의 사례에서 마이크로프로세서 사업 전략의 핵심을 가장 잘 이해하는 방법은 인텔의 다양한 가치 향상 방안을 자세히 살펴보는 것이 아니라 수십 년 동안 유능하고 열성적인 경쟁자들이 어째서 그러한 향상 방안을 모방하거나 약화시키는 데 실패했는지 되짚어보는 것이다.

- **산업 경제구조와 경쟁 지위.** 파워의 조건은 산업의 근본적인 경제구조와 특정 사업영역의 경쟁 지위 사이에 일어나는 상호 작용을 포함한다. 제1부에서는 일곱 가지 파워 유형 각각에 대해 이 두 가지 동인을 분석할 것이다. 이를 통해 전개된 개념들의 이해와 적용에 도움이 되도록 명확성을 높이고, '산업 매력도'가 잠재력 창출에 어떤 역할을 하는지 함께 조명할 것이다.

- **복잡한 경쟁 구도.** 힘strength과 달리 파워는 명백히 상대적인 개념이다. 즉 **특정** 경쟁자와 비교한 힘을 다룬다. 좋은 전략은 직접적 기능적 경쟁자와 기존 및 잠재 경쟁자를 모두 포함하여 각 경쟁자에 대한 파워를 평가한다. 그러한 경쟁자들은 누구든 당신이 피하고자 하는 아비트리지의 원천이 될 수 있으며, 아비트리지를 확보한 경쟁자가 하나라도 있으면 차별적 수익을 끌어내리기에 충분하다.[10]

- **단일 사업에 집중.** 같은 기업에 속해 있다 해도 전략적으로 분리된 사업영역에는 각기 다른 전략의 본질과 전략을 적용해야 한다. 인텔의 경우 메모리와 마이크로프로세서는 전략의 본질에서 두 가지 고유한 문제를 갖는, 근본적으로 독립된 사업이었다. 파워의 개념 또한 이러한 분리를 고려한다. 한 기업 내에서 여러 사업영역 간의 상호 작용에서 비롯되는 특별한 사항들에 대한 고려는 기업 전략에서 다루는 주제로, 이 책의 범위를 넘어선다.[11] 향후 개정판에서 유용한 통찰을 제공하는 파워 동역학의 도구로 이 주제에 대해 다루기를 기대한다.

- **리더십**. 불리한 사업에 훌륭한 경영자를 앉혀도 사업의 평판은 그대로라는 워런 버핏Warren Buffett의 견해에는 파워의 개념과 그 부재에 따른 영향이 내재되어 있다. 반면, 언제나 경제학자의 영역에서 활동했던 나는 가치 창출에서 리더십이 중요하다는 강력한 믿음을 갖고 있다. 인텔의 경험은 여기서도 유익한 교훈이 된다. 인텔이 메모리 사업을 고수했다면 로버트 노이스, 고든 무어, 앤디 그로브는 분명 매우 다르게 기억되었을 것이다. 뿐만 아니라 그들의 종합적인 리더십은 처음에 마이크로프로세서 사업을 지원하는 데, 또 '파워를 유지하는 방법'을 보장하는 다양한 선택을 내리는 데 결정적인 역할을 했다. 리더십의 기여에 대한 이러한 상반된 평가는 동역학과 정역학의 차이(본문에서 자세히 다룰 것이다)를 시사한다.

결론

수년 동안 기업에 자문을 제공하고 가치 지향적 투자를 해온 결과, 나는 훌륭한 기업들의 발전이 선형이 아닌 계단식으로 이루어진다는 것을 명확히 알게 되었다. 기업은 향후 나아갈 길을 형성하는 중요한 결정의 순간들을 맞이한다. 이 중요한 움직임을 옳은 방향으로 이끌기 위해서는 새로운 상황에 맞추어 유연하게 전략을 조정해야 한다. 이 책은 야심 찬 목표를 갖고 있다. 전략의 본질에 대한 지식을 당신에게 의미 있게 전달하여 기업의 미래를 형성하는 급격한 변화의 시기에 유연성을 발휘할 수 있도록 만드는 것이다. 하지만 벅찬 도전이 그 길을 가로막고 있다. 바로 전략의 본질을 이루는 핵심 개념이 단순하지만 지나치게 단순화하지 않은 프레임워크로 정제되어야 한다는 것이다. 그래야만 그것이 실시간 인지 가이드로서 당신에게 도움이 될 수 있다.

서문에서 우리는 비즈니스 가치의 결정 요인으로부터 파워, 전략, 전략의 본질을 공식적으로 정의했다. 이러한 일대일 대응은 주요 비즈니스 목표들을 간과하지 않게 해준다. '지나치게 단순화하지 않는 것'은 바로 이런 의미다.[12]

이제 7파워를 하나씩 살펴보기 위한 단단한 토대를 마련했다. 7파워를 끝까지 읽으려 노력하고 제시된 내용들을 소화한다면 당신은 전략 프레임워크의 다른 측면인 '단순함'이 충족되었는지 스스로 판단할 수 있을 것이다. 끝으로 이것 하나는 분명히 말할 수 있다. 많은 사업가가 이미 7파워를 활용했고 지금도 활용하고 있으며 나날의 활동에 쉽게 참고할 수 있음을 매우 인상적으로 느꼈다는 점이다. 당신도 그들과 같은 경험을 얻기를, 당신이 위대한 기업을 만드는 데 이 책이 도움이 될 수 있기를 바란다.

부록:
전략의 본질에 대한 기본 방정식 도출

정의

π_i ≡ i 기간의 이익 (세금 공제 후, 이자 지급 전)

I_i ≡ i 기간의 순투자

= Δ 운전자본 + 총고정투자 − 감가상각

K_i ≡ i 기간의 기말자본

K_0 ≡ 기초자본

P ≡ 기말 판매 가격

c ≡ 자본 비용

r ≡ 수익률

γ ≡ 자본 비용 차감 수익률 = $r - c$

η ≡ 매출 성장

CF_i ≡ i 기간의 현금 흐름 = $\pi_i - I_i$

순현재가치 | Net Present Value

$$NPV = -K_0 + \sum_{i=1}^{i=n} \frac{\pi_i - I_i}{(1+c)^i} + \frac{P}{(1+c)^n}$$

$$= -K_0 + \sum_{i=1}^{i=n} \frac{\pi_i - (K_i - K_{i-1})}{(1+c)^i} + \frac{P}{(1+c)^n}$$

$$= -\text{초기투자} + \text{할인된 현금흐름} + \text{할인된 기말가치}$$

$$= \sum_{i=1}^{i=n} \frac{\pi_i}{(1+c)^i} - K_0 + \sum_{i=1}^{i=n} \frac{-(K_i - K_{i-1})}{(1+c)^i} + \frac{P}{(1+c)^n}$$

$$= \sum_{i=1}^{i=n} \frac{\pi_i}{(1+c)^i} - \left[K_0 + \sum_{i=1}^{i=n} \frac{K_i - K_{i-1}}{(1+c)^i} \right] + \frac{P}{(1+c)^n}$$

중간 항 정리

$$K_0 + \sum_{i=1}^{i=n} \frac{(K_i - K_{i-1})}{(1+c)^i} = K_0 + \frac{K_1 - K_0}{(1+c)} + \frac{K_2 - K_1}{(1+c)^2} + \cdots + \frac{K_n - K_{n-1}}{(1+c)^n}$$

$$= K_0 - \frac{K_0}{(1+c)} + \frac{K_1}{(1+c)} - \frac{K_1}{(1+c)^2} + \frac{K_2}{(1+c)^2} - \cdots + \frac{K_{n-1}}{(1+c)^{n-1}} - \frac{K_{n-1}}{(1+c)^n} + \frac{K_n}{(1+c)^n}$$

$$= K_0 \left(1 - \frac{1}{1+c}\right) + K_1 \left(\frac{1}{1+c} - \frac{1}{(1+c)^2}\right) + \cdots + K_{n-1} \left(\frac{1}{(1+c)^{n-1}} - \frac{1}{(1+c)^n}\right) + \frac{K_n}{(1+c)^n}$$

$$= \frac{K_0}{(1+c)^0} \left(1 - \frac{1}{1+c}\right) + \frac{K_1}{(1+c)^1} \left(1 - \frac{1}{1+c}\right) + \cdots + \frac{K_{n-1}}{(1+c)^{n-1}} \left(1 - \frac{1}{1+c}\right) + \frac{K_n}{(1+c)^n}$$

$$= \frac{K_0}{(1+c)^0} \left(\frac{c}{1+c}\right) + \frac{K_1}{(1+c)^1} \left(\frac{c}{1+c}\right) + \cdots + \frac{K_{n-1}}{(1+c)^{n-1}} \left(\frac{c}{1+c}\right) + \frac{K_n}{(1+c)^n}$$

$$= K_0 \frac{c}{1+c} + K_1 \frac{c}{(1+c)^2} + \cdots + K_{n-1} \frac{c}{(1+c)^n} + \frac{K_n}{(1+c)^n}$$

$$= \sum_{i=1}^{i=n} K_{i-1}\frac{c}{(1+c)^i} + \frac{K_n}{(1+c)^n} \quad \boxed{\text{정리된 중간 항을 순현재가치 식에 대입하면:}}$$

$$\Rightarrow NPV = \sum_{i=1}^{i=n} \frac{\pi_i}{(1+c)^i} - \left[\sum_{i=1}^{i=n} K_{i-1}\frac{c}{(1+c)^i} + \frac{K_n}{(1+c)^n}\right] + \frac{P}{(1+c)^n}$$

$$= \sum_{i=1}^{i=n} \frac{\pi_i - cK_{i-1}}{(1+c)^i} + \frac{P - K_n}{(1+c)^n}$$

사업 지속 기간 L이 유한하다고 가정한다. t = L 일 때 P = 0. 따라서

$n^* < L$ 과 $\left|\frac{P-K_n}{(1+c)^n}\right| < \epsilon$ 가 존재한다. 이때, ϵ 은 NPV에 영향을 주지 않는다. 그러

므로 n^* 에서 두 번째 항 $\frac{P-K_n}{(1+c)^n}$ 을 무시할 수 있다.

$$NPV = \sum_{i=1}^{i=n^*} \frac{\pi_i - cK_{i-1}}{(1+c)^i}$$
$$= \sum_{i=1}^{i=n^*} \frac{rK_{i-1} - cK_{i-1}}{(1+c)^i}$$
$$= \sum_{i=1}^{i=n^*} \frac{K_{i-1}(r-c)}{(1+c)^i}$$
$$= \sum_{i=1}^{i=n^*} \frac{K_{i-1}\gamma}{(1+c)^i}$$
$$= \sum_{i=1}^{i=n^*} \frac{K_0(1+\eta)^{i+1}}{(1+c)^i}\gamma$$

$$= K_0 \sum_{i=1}^{i=n^*} \frac{(1+\eta)^{i+1}}{(1+c)^i}\gamma$$

$\Rightarrow$ NPV $= K_0 g\gamma$, g $\equiv$ 할인된 성장 요인 $= \sum_{i=1}^{i=n^*}\frac{(1+\eta)^{i+1}}{(1+c)^i}$

자본 비용을 초과하는 첫 기의 이익 $= K_0\gamma$

이를 다시 나타내면,

$K_0 \gamma = M_0\, \bar{s}\, \bar{m}$ (둘 다 자본 비용을 초과하는 첫 기의 이익을 나타낸다)

$M_0 \equiv$ 초기 시장 규모

$\bar{s} \quad \equiv$ 평균 시장점유율

$\bar{m} \quad \equiv$ 자본 비용을 초과하는 평균 순이익률

그러므로 다음과 같이 쓸 수 있다.

$NPV = M_0\, g\, \bar{s}\, \bar{m}$

이를 해석하면:

$NPV =$ 시장점유율 * 파워

전략의 본질에 대한 기본 방정식 도출은 다음의 간단한 가정을 이용했다.

1. n = n*
2. n* 동안 시장 성장률은 일정하다.
3. n* 동안 시장점유율은 일정하다.
4. n* 동안 차별적 수익은 일정하다.
5. 사업 지속 기간은 유한하다.

도출된 기업 가치를 실제 시가총액과 비교하려면 이러한 가정을 변경하는 것과 더불어 초기 자본을 반영하고, 시장 전체의 가격 수준을 제시하고, 재무상태표상의 초과자산(예를 들어, 누적 현금)을 반영해야

할 것이다.[13]

1부
전략 정역학

COUNTER-POSITIONING

SCALE ECONOMIES

SWITCHING COSTS

NETWORK ECONOMIES

PROCESS POWER

BRANDING

CORNERED RESOURCE

7 POWERS

카운터 포지셔닝

규모의 경제

전환 비용

네트워크 경제

프로세스 파워

브랜딩

독점자원

1장

규모의
경제

크기가
중요하다

넷플릭스,
암호를 풀다

이 장은 7파워를 이해하기 위한 여정의 첫걸음이다. 제1장~제7장까지 각 장에서 일곱 가지 파워를 하나씩 살펴볼 것이다. 먼저 넷플릭스 사례를 통해 첫 번째 파워인 규모의 경제를 알아보자.

2003년 봄, 나는 캘리포니아 로스가토스에 본사를 둔, 초기 단계의 소규모 기업 한 곳에 과감히 투자했다. 현재 당신도 알 법한 그 회사의 이름은 바로 넷플릭스다. 나는 그동안 대형주 위주로 투자를 해왔으나 오프라인 매장을 중심으로 한 블록버스터의 비즈니스 모델에서 성공적으로 벗어나 우편으로 DVD를 대여하는 인상적인 사업 방식에 이끌려 넷플릭스에 투자하게 되었다. 블록버스터는 시장점유율을 잃거나 수입의 절반가량인 연세료를 폐지해야 하는 달갑지 않은 선택에 지

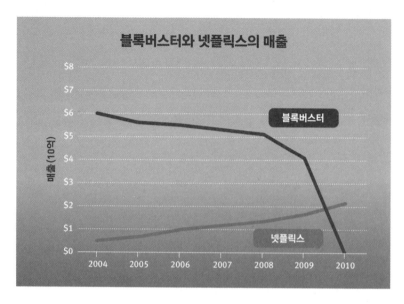

그림 1.1: 블록버스터와 넷플릭스의 매출[14]

면했다. 나는 이 딜레마에 근거해 투자 가설을 세웠다. 즉 블록버스터
는 그들을 가로막은 고통스러운 생존 과제에 맞서 우물쭈물할 것이고
넷플릭스는 블록버스터의 고객을 야금야금 빼앗아갈 것이라고.[15]

이 가설은 블록버스터가 취한 후속 조치와 파산이라는 최종 결과를
통해 사실로 입증되었다.

서문에서 논의했듯이 전략은 '의미 있는 시장에서 파워를 유지하는
방법'이라는 높은 장애물을 반드시 넘어야 한다. 넷플릭스의 DVD 우
편 대여 사업은 성공을 거두었고, 게임을 끝낸 결정 요인은 바로 블록
버스터를 능가하는 넷플릭스의 파워였다.

하지만 이러한 우편 유통 사업에는 장기 시한폭탄이 있었다. 그 이유는 무엇인가? 실물 DVD 사업은 결국 디지털 스트리밍으로 대체될 전망이었다. 시기는 불확실했지만 무어의 법칙*을 비롯해 인터넷 속도와 성능의 급격한 발전으로 미루어볼 때 이러한 결과는 자명했다. 지평선 너머로 디지털의 미래가 떠오르고 있었고, 넷플릭스는 그것을 포착할 수 있었다. 그들이 회사 이름을 웨어하우스-플릭스Warehouse-Flix로 붙이지 않은 데에는 다 이유가 있었던 것이다.

스트리밍은 DVD 우편 대여 사업과 전략적으로 분리된 사업영역이다. 이는 각 사업에서 파워의 동인들이 대체로 상호 독립적임을, 다시 말해 산업의 경제구조와 잠재 경쟁자가 서로 다름을 의미한다. 더구나 스트리밍의 파워에 대한 전망은 그리 유망하지 않았다. IT 비용의 급락과 클라우드 서비스의 급속한 발전으로 진입장벽이 낮아졌고, 누구나 스트리밍 사업을 시작할 수 있을 것으로 보였다.

넷플릭스는 이러한 상황을 이해했으나 흔들리지 않았다. 무엇보다 그들은 스트리밍을 받아들이는 것 외에 선택의 여지가 없음을 인식했다. 예리한 전략가로서 그들은 스스로 쇠퇴하지 않으면 다른 누군가가 그들을 쇠퇴시킬 것임을 알고 있었다. 더불어 그들은 전술적으로 영리했다. 새롭게 떠오르는 스트리밍 분야에 도사린 불확실성을 고려하여 회사의 명운을 거는 공격적이고 위험한 조치를 거부하고 차근차근 방안을 모색했던 것이다. 2007년, 그들은 가능성을 살피고 필요한 경험을 쌓기 위해 조심스럽게 스트리밍 서비스에 발을 내디뎠다. 더불어

* Moore's Law, 마이크로칩의 성능이 24개월마다 2배로 증가한다는 법칙.

하드웨어 스트리밍 플랫폼을 만드는 수많은 기업과 파트너십을 맺으며 서비스에 많은 공을 들였다.

하지만 아무리 복잡하고 많은 노력이 필요하다 해도 현명한 전술을 실행하는 것 자체는 전략이 아니다. 더구나 스트리밍 서비스 초기에는 파워를 갖출 수 있는 어떤 가능성도 확실하지 않았다. 그 시기 동안 넷플릭스는 파스퇴르의 격언대로 준비된 자에게 기회가 오기를 바라며 정신을 바짝 차릴 수밖에 없었다.

넷플릭스가 결정적인 통찰에 초점을 맞춘 것은 스트리밍 서비스를 시작한 지 4년이 지난 2011년에 이르러서였다. 그때까지 넷플릭스는 스트리밍 권한을 얻기 위해 콘텐츠 소유주(주로 영화제작사)와 협상을 해왔다. 하지만 콘텐츠 소유주들은 자신들의 자산으로 수익을 창출하는 데 매우 정통했다. 그들은 지역, 개봉일, 계약기간 등에 따라 조건을 달리하여 스트리밍 권한을 판매했다. 넷플릭스의 최고콘텐츠책임자 테드 서랜도스Ted Sarandos는 특정 콘텐츠에 대한 단독 스트리밍 권한을 확보하는 것이 생존에 필수라고 생각하게 되었다. 그리고 마침내 넷플릭스는 급진적인 조치에 돌입했다. 2012년 〈하우스 오브 카드House of Cards〉를 시작으로 오리지널 콘텐츠에 주요 자원을 투입했던 것이다.

표면적으로 넷플릭스의 이러한 움직임은 지나치게 과감하고 위험해 보였다. 오리지널 콘텐츠를 제작해 그에 대한 모든 권리를 소유하려면 훨씬 많은 비용이 소요되었다. 게다가 넷플릭스는 앞서 레드엔벌로프 엔터테인먼트Red Envelopment Entertainment라는 자회사를 통해 오리지널 콘텐츠 제작을 시도했으나 결과가 좋지 못했다. 그러한 전방통합은 '너무 무리한 목표'임이 입증된 만큼 이번에도 오리지널 콘텐츠 제작은 실패할 것으로 보였다.

하지만 넷플릭스가 취한 대담하고 직관에 어긋나는 조치들은 시장의 판도를 뒤집는 획기적인 결정으로 판명되었다. 독점권과 오리지널 콘텐츠는 넷플릭스 비용구조의 주요 항목인 콘텐츠 수급 비용을 고정비 항목으로 만들었다. 이제 스트리밍 시장에 진출하려는 잠재 업체들은 그들이 보유한 구독자 수에 관계없이 넷플릭스와 동일한 비용을 치러야 했다. 즉 넷플릭스가 〈하우스 오브 카드〉 제작에 1억 달러를 사용할 때 스트리밍 서비스 이용 고객이 3000만 명이면 고객 1인당 비용은 3달러 남짓이다. 이 경우 구독자가 100만 명에 불과한 경쟁 기업은 구독자 1인당 100달러의 비용을 지불해야 한다. 이는 산업 경제구조에 급격한 변화를 가져왔고, 가치를 파괴하는 치열한 경쟁의 망령을 잠재웠다.[16]

규모의 경제
-첫 번째 파워

사업 규모가 커질수록 단위 비용이 감소하는 특성을 규모의 경제라고 한다. 규모의 경제는 앞으로 살펴볼 7파워 가운데 첫 번째로, 그 개념적 계보는 경제학의 시초로 일컬어지는 애덤 스미스의 《국부론》에서 시작된다.

규모의 경제가 어째서 파워로 이어지는가? 서문에서 제시했던 파워의 조건들을 생각해보자. 파워란 유능한 경쟁자들과의 치열한 경쟁에서도 지속적으로 상당 수준의 차별적 수익을 창출할 수 있게 만드는 일련의 요건을 말한다. 이를 위해서는 두 가지 요소를 동시에 갖추어야 한다.

1. **이득**: 비용 절감, 효과적인 가격 책정, 투자 요구 감소 등을 통해 파워 행사자의 현금 흐름에 중요한 개선을 가져오는 조건.
2. **장벽**: 경쟁자들이 아비트리지를 확보하여 이득을 없앨 수 있는 행동을 하지 못하게 만들거나 거부하게 만드는 장애물.

규모의 경제에서 이득은 간단하다. 바로 비용 하락이다. 넷플릭스의 경우 구독자 수의 우위가 오리지널 및 독점 콘텐츠 확보에 드는 **구독자 1인당** 콘텐츠 비용을 낮추는 결과로 곧장 이어졌다.

하지만 장벽은 이득보다 미묘하게 작용한다. 다른 기업이 이러한 방식으로 경쟁하는 것을 가로막는 요인은 무엇인가? 그 답은 잘 운영된 경쟁 기업 사이에서 일어날 수 있는 상호 작용에 있다. 한 기업이 규모의 경제가 작용하는 사업영역에서 상당한 규모의 우위를 갖고 있다고 가정하자. 이보다 작은 기업은 이러한 우위를 파악할 것이고, 우선 시장점유율을 높여 상대적인 비용 지위를 개선하고 규모의 열위를 다소 없애 수익을 개선하고자 할 것이다. 하지만 그러기 위해서는 고객들에게 낮은 가격 같은 더 나은 가치를 제공해야 할 것이다.

이미 확립된 시장에서 그러한 전술은 선두기업에 쉽게 드러난다. 선두기업은 규모의 우위를 약화하려는 소규모 기업들의 위협을 인식할 것이고, 우월한 비용 지위를 방어의 요새로 이용해 반격할 것이다(예를 들어 최저가 보상제). 이 같은 일이 몇 차례 일어나고 나면, 추종기업은 그러한 반격을 예상하고 시장점유율 확보를 위한 조치의 영향을 재무 모델에 포함하게 될 것이다. 그러한 움직임은 추종기업들에 가치 창출이 아닌 가치 파괴로 이어질 수밖에 없다.

서문에서 논의한 인텔의 마이크로프로세서 사업은 이러한 상황을 보여주는 대표적인 사례다. 인텔은 마이크로프로세서 사업에서 규모의 경제를 발전시켰다. 그 결과 매우 오랫동안 AMDAdvanced Micro Devic-es의 집요한 도전이 이어졌음에도 불구하고 성공적인 사업을 이어갔고, AMD는 끊임없는 고통을 겪었다. 인텔은 규모의 경제를 근간으로 한 경제구조를 이용해 번번이 AMD를 물리칠 수 있었다.

이처럼 매력적이지 않은 비용/편익은 그 자체로 규모의 경제에서 장벽이 된다. 물론 선두기업은 그 장벽을 신중하게 유지해야 하며, 다른 무언가에 승부를 거는 것은 어리석은 행동이 될 것이다. 따라서 우리는 규모의 경제가 파워의 필요조건과 충분조건을 모두 충족한다는 것을 알 수 있다.

규모의 경제: 이득: 비용 하락

장벽: 시장점유율 확보에 드는 막대한 비용

이러한 상황은 넷플릭스의 소규모 경쟁자들을 매우 어려운 지위에

몰아넣는다. 그들이 넷플릭스와 같은 상품, 즉 같은 가격에 비슷한 양의 콘텐츠를 제공한다면 손익이 악화될 것이다. 이를 해결하기 위해 콘텐츠를 줄이거나 가격을 높인다면 고객들은 등을 돌릴 것이고 결국 시장점유율을 잃을 것이다. 이처럼 경쟁력 있는 막다른 골목은 파워의 전형적인 특징이다.

7파워 차트

규모의 경제는 앞으로 다룰 일곱 가지 파워 유형 중 첫 번째에 불과하다. 각 파워 유형을 좀 더 쉽게 이해하고 비교하기 위해 7파워 차트를 소개하고자 한다. 앞으로 각 장마다 파워 유형을 살펴보며 이 차트를 하나씩 채워갈 것이다.

앞서 말했듯이 파워는 이득과 장벽을 갖추어야 한다.

파워 ?

(경쟁자에 대한) 장벽

(파워 보유자가 없는) 이득

그림 1.2

이제 이득과 장벽의 세부 요소를 더해 차트를 구성할 수 있다. 이득과 관련하여, 다른 조건들이 동일하다면 현금 흐름은 (1) 가치를 높이거나(높은 가격을 책정할 수 있게 함) (2) 비용을 낮춤으로써 개선된다.[17] 장벽과 관련하여, 경쟁자는 아비트리지를 확보해 이득을 없애는 데 실패한다. (1) 할 수 없기 때문에 혹은 (2) 할 수 있지만 경제적으로 매력적이지 않은 결과가 예상되어 하지 않기 때문이다.

그림 1.3

이제 이 차트에 첫 번째 파워 유형인 규모의 경제를 대입할 수 있다.

그림 1.4: 7파워 중 규모의 경제

규모의 경제의 정의:

생산량이 증가함에 따라 단위 비용이 감소하는 사업.

넷플릭스 사례를 통해 여러 기술 기업들에서 반복되는 규모의 경제의 특징을 확인할 수 있다. 바로 규모가 커질수록 단위당 단일 고정 비용이 감소하는 것이다.

고정 비용 외에 다른 요인에서도 규모의 경제가 나타난다. 몇 가지 사례를 살펴보자.

- **용량/면적 관계**. 생산 비용이 면적과 밀접하게 연관되고 면적의 활용도가 용량과 연관될 때, 규모가 커질수록 용량당 비용이 낮아져 규모의 경제가 발생한다. 대표적인 사례로 우유 탱크와 물류 창고가 있다.
- **유통 네트워크의 밀도**. 유통 네트워크의 밀도가 높아져 면적당 더 많은 고객을 수용할수록 더욱 경제성 높은 경로 구조를 설계할 수 있게 되어 배송비가 감소한다. UPS의 신규 경쟁자는 이러한 어려움에 직면할 것이다.
- **학습 경제**. 학습이 이득으로 이어지고(비용 감소 또는 품질 향상) 생산 수준과 양의 상관관계가 있다면 선두기업에 규모의 우위가 발생한다.
- **구매 경제**. 규모가 클수록 구매자는 더 좋은 가격으로 투입물을 구매할 수 있다. 이는 월마트 같은 기업에 도움이 된다.

가치와 파워

전략의 유일한 목적은 사업의 잠재 가치를 높이는 것이다. 다음 도표는 넷플릭스가 스트리밍 사업에서 파워를 창출한 뒤 어떤 실적을 냈는지 보여준다.

넷플릭스의 주가 흐름을 통해 우리는 많은 것을 배울 수 있다. 첫째, 성공적인 전략은 막대한 보상을 가져왔다. 6년 동안 시장 평균 주가는

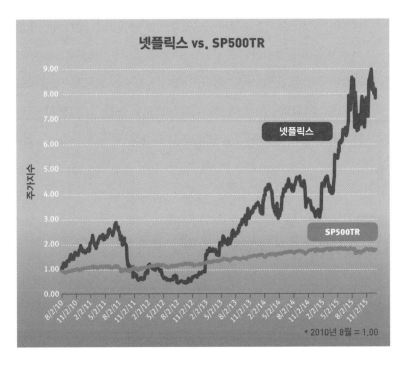

그림 1.5: 넷플릭스 주가 vs. S&P500TR (2010년 8월 = 100%)[18]

2배 오른 데 비해 넷플릭스의 주가는 6배 상승했다. 둘째, 넷플릭스의
탁월한 성과는 단조롭게 이어지지 않았다. 2010년부터 2013년까지
주가는 롤러코스터처럼 오르내렸고 이후에도 등락을 거듭했다. 이러
한 변동성의 원인은 다음과 같다.

- 변동성이 높은 상황에서 파워가 현금 흐름에 확실히 반영되는 데에는
  시간이 걸린다. 따라서 투자자들의 기대가 오르내릴 수 있다.
- 파워에 대한 논의에서 나는 파워의 특성을 가치로 이어지는 **잠재력**을

창출하는 것으로 조심스럽게 규정했다. 하지만 이러한 잠재력은 운영의 탁월성이 결합되어야만 실현될 수 있다. 2011년 넷플릭스의 주가 급락은 잘못된 운영의 결과였다.[19] 그러나 고통스러운 시기였음에도 불구하고 그들의 전략은 여전히 유효했고 파워 또한 그대로였다. 그렇기 때문에 당시의 실수들은 치명적이지 않았다.

파워의 강도 분석:
산업 경제구조 + 경쟁 지위

이 장을 마치고 다음 파워 유형으로 넘어가기에 앞서 파워 자체의 특성을 좀 더 체계적으로 살펴보고자 한다.

경제학자에게 필요한 지식과 기술 중 하나는 공식적인 모형을 수립해 문제의 본질을 파악하고자 애쓰는 것이다. 이때 중요한 기술은 단순화한 가설을 선택하는 것이다. 즉 가설은 어떤 문제의 핵심을 간과하지 않으면서 두드러진 특징들을 분리해내는 방식으로 선택되어야 한다.

앞서 언급했듯이 규모의 경제에서 장벽은 추종기업의 합리적인 (대개 학습된) 경제적 계산, 즉 선두기업이 매력적인 수익을 얻고 있음에도 불구하고 추종기업에서 그 시장을 공략해 얻는 보상이 매력적이지 않다는 계산에서 비롯된다.

규모를 확보한 선두기업의 파워 강도를 계산하는 효과적인 방법은 매력적인 수익을 얻는 대신 시장점유율 유지를 위해 적절한 보복 조치를 취할 때 선두기업에서 갖는 경제적 여유를 평가하는 것이다. 이러한 경제적 여유가 클수록 장기 균형은 선두기업에 더욱 매력적일 것이다.

이를 계산하기 위해 선두기업 잉여 마진Surplus Leader Margin; SLM의 개념을 살펴보자. SLM은 경쟁사의 이익을 0으로 만드는 가격이 책정될 때 파워를 가진 기업이 얻을 것으로 예상되는 이익을 말한다. 이 장의 부록에는 넷플릭스처럼 고정비에서 규모의 경제가 발생할 때 SLM을 도출하는 과정이 제시되어 있다. C가 고정비라면 선두기업 잉여 마진은 다음과 같다.

선두기업 잉여 마진=

[C/(선두기업 매출)] * [(선두기업 매출)/(추종기업 매출)−1]

이 방정식의 첫 번째 항[20]은 기업의 전반적인 재무 상태에서 고정비가 갖는 상대적인 중요도를 나타내며, 두 번째 항은 규모의 우위가 어느 정도인지 보여준다. 이를 다시 표현하면 다음과 같다.

선두기업 잉여 마진=

[규모의 경제 강도] * [규모의 우위]

즉 첫 번째 항은 그 산업에 속한 모든 기업들이 직면하는 조건인 산업 정세구조와 연관된다. 두 번째 항은 추종기업에 대한 선두기업의 상대적 지위를 반영한다. 파워가 존재하기 위해서는 두 항 모두 상당한 양의 값을 가져야 한다. 예를 들어 규모의 경제가 발생할 가능성이 매우 높다고 해도(매출에 비해 고정비가 큰 경우) 경쟁 기업 간에 규모의 격차가 없다면 두 번째 항의 값이 0이 되어 선두기업의 마진은 여전히 0일 것이다(파워 없음).

이처럼 파워의 강도를 산업 경제구조와 경쟁 지위로 나누어 분석하는 것은 매우 중요하다. 이러한 방법이 대부분의 파워 유형에 적용되기 때문이다. 어떤 방식이든 파워에 대한 평가에서 두 항목은 독립적으로 이해되어야 하며, 두 항목 모두 전략 계획 구상에 적합하다.[21] 넷플릭스는 스트리밍 사업에서 두 가지 방향으로 시장을 공략했다. 오리지널 및 독점 콘텐츠 확보는 산업 경제구조를 바꾸었고 빈틈없는 조기 출시는 규모의 우위를 가져다주었다. 넷플릭스가 기존의 산업 경제구조를 바꿀 수 없는 전제로 받아들였다면 스트리밍 사업에서 파워를 확보할 수 있는 방법은 없었을 것이며, 넷플릭스의 가치 전망은 DVD 우편 대여 사업의 쇠퇴와 함께 매우 어두워졌을 것이다.

앞으로 각 파워 유형을 살펴보면서 7파워 차트와 더불어 다른 도표를 하나 더 정리할 것이다. 이를 통해 파워의 강도를 좌우하는 두 가지 측면의 특성을 다음과 같이 요약한다.

	산업 경제구조	경쟁 지위
규모의 경제	규모의 경제 강도	상대적 규모

그림 1.6: 파워의 강도 결정 요인

규모의 경제:
요약

넷플릭스의 스트리밍 사업은 시가총액 2000억 달러를 넘어서는 놀라운 상승의 동인이다. 여기에 이르는 과정에는 회사의 모든 영역에서 철저하게 탁월함을 추구하는 노력이 필요했다. 그러한 헌신과 집중은 가치 창출에 꼭 필요한 요소이긴 하지만 그것만으로는 충분하지 않다. 넷플릭스의 성공은 의미 있는 시장에서 파워를 유지하는 방법, 다시 말해 전략을 수립하고서야 확실해질 수 있었다. 이 전략의 주춧돌은 독점 및 오리지널 콘텐츠로 전환하는 것이었다. 이는 넷플릭스가 규모를 강력한 지렛대의 원천으로 행사할 수 있게 만들었다. 그러한 규모의 경제는 파워의 정의를 모두 충족한다. 이득은 대규모 구독자 확보로 가능해진 콘텐츠 비용 감소에서 비롯되며, 장벽은 추종기업이 시장점유율 확보를 위해 공격적인 조치를 취했을 때 얻는 매력적이지 않은 비용/편익에서 발생한다.

부록 1.1:
규모의 경제에서 선두기업 잉여 마진 도출

파워의 강도를 계산하기 위해 다음 질문을 생각해보자. "파워가 없는 기업(W)이 전혀 수익을 내지 못하는 가격 수준에서 파워를 가진 기업(S)의 수익성을 결정하는 요인은 무엇인가?"

여기서는 고정비에 따른 규모의 경제를 살펴본다. 규모의 경제를 발생시키는 여러 요인이 있지만 고정비가 가장 대표적인 요인이다.

총비용 $= cQ+C$

$c \equiv$ 단위당 변동비

$Q \equiv$ 생산량

$C \equiv$ 고정비(스타트업과 달리 각 생산기간 동안의 고정비)

$\therefore$ 이익 $(\pi) = (P - c)\, Q - C$

$P \equiv$ 모든 판매자가 직면하는 가격

여기 강한 기업 S와 약한 기업 W가 있다.

선두기업의 레버리지를 나타내는 지표로서 다음과 같이 선두기업 잉여 마진을 평가한다.

선두기업 잉여 마진: P가 W기업의 수익이 0이 되는 가격일 때 S기업의 마진을 결정하는 요인은 무엇인가?

$$_W\pi = 0 \implies \qquad 0 = (P - c)\,_WQ - C$$

또는 $\qquad P = c + C/_WQ$

$$_S\pi \qquad = (P - c)\,_SQ - C$$

P를 대입하면

$$= ([c + C/_wQ] - c) \, _sQ - C$$
$$= [C/_wQ]_sQ - C$$
$$= C \, (_sQ - \,_wQ)/_wQ$$

또는

S기업의 마진 $\equiv \, _s\pi/_s\text{Revenue} = \,_s\pi/(P \, _sQ) = [C/(P \, _sQ)][(_sQ - \,_wQ)/ \,_wQ]$

선두기업 잉여 마진 $= [C/(P \, _sQ)] \, [_sQ/_wQ{-}1]$

$[_sQ/ \,_wQ - 1]$: 경쟁 지위 - 상대적 시장점유율

$[C/(P \, _sQ)]$: 산업 경제구조 - 고정비의 상대적 중요도

2장

네트워크 경제

집단 가치

브랜치아웃,
링크드인과 맞붙다

2010년 6월, 릭 마리니Rick Marini에게는 문제가 하나 있었다. 어느 기업에 연락할 사람을 찾아야 했는데, 분명 그 회사의 누군가를 알고 있었지만 이름을 기억할 수 없었다. 이런 상황에서 대부분의 사람은 잠시 낙담했다가 곧 잊어버릴 것이다. 하지만 마리니는 대부분의 사람이 아니었다. 하버드 경영대학원을 나온 그는 채용 산업에서 중요한 경험을 쌓은 연쇄창업가serial entrepreneur로, 슈퍼팬SuperFan과 티클닷컴Tickle.com을 설립하고 티클닷컴을 몬스터월드와이드Monster Worldwide에 1억 달러에 매각한 이력이 있었다.

한 달 뒤 그는 전문직 네트워킹을 지원하는 페이스북 앱 브랜치아웃BranchOut을 내놓았다. 마리니는 9월까지 시리즈 A 라운드*를 통해 엑셀파트너스Accel Partners, 플러드게이트Floodgate, 노웨스트벤처파트너스Norwest Venture Partners를 비롯한 유명 기술 기업의 경영자들로부터 600만 달러를 조달했다.

채용 담당자는 자신의 시간을 최대한 활용하고 싶어 하며, 따라서 전문가 리스트가 가장 많은 출처를 찾아간다. 한편 전문가는 채용 담당자가 가장 많이 찾는 사이트에 자신의 이름을 올려놓고 싶어 한다. 이처럼 한 손이 다른 손을 흔들어 스스로를 강화하는 상향 나선을 네트워크 경제라고 한다.[22] 즉 새로운 고객이 '네트워크'에 합류함에 따라 각 고객에게 제공하는 서비스의 가치가 높아진다. 그러한 상황에서는 최대로 고객을 확보하는 것이 가장 중요하다. 마리니는 신속하게 규모를 확대하지 못하면 도태되고 마는 이러한 게임의 규칙을 정확히 알고 있었다.

네트워크 경제가 있는 경우 앞선 기업을 따라잡는 것은 대개 불가능하며, 링크드인LinkedIn은 이미 7000만 명의 회원을 보유하고 있었다. 하지만 마리니는 아직 게임이 끝나지 않았다고 확신했다. 그의 아이디어는 링크드인보다 회원 수가 10배가량 많은 페이스북을 기반으로 서비스를 구축하고 사용자가 링크드인으로부터 자신의 정보를 그대로 내려받을 수 있는 도구를 제공하는 것이었다. 마리니는 페이스북과의

---

* Series A round, 스타트업의 자금조달 단계 중 정식 제품 출시를 통해 비즈니스 모델을 구현하고 실현하는 단계.

연계를 더 나은 가치의 핵심으로 두었다.

"페이스북은 링크드인이 갖지 못한 연결의 힘을 갖고 있다. 링크드인의 인맥은 당신이 컨퍼런스에서 만난 누군가일 뿐이다. 페이스북이 당신을 지원하는 진정한 네트워크다."

마리니의 전술은 큰 호응을 얻는 것 같았다. 2011년 1분기, 브랜치아웃의 사용자는 1만 명에서 50만 명으로 급증했다. 엄청난 규모 확대로 무장한 마리니는 2011년 5월, 시리즈 B 라운드[**]에서 1800만 달러를 유치했다.

브랜치아웃은 여기서 멈추지 않았다. 2011년 FASTech50[***]을 비롯해 수많은 상을 휩쓸었고, 월간 활성 사용자[****] 또한 빠르게 늘어났다. 투자자들은 더 많은 돈을 쏟아부었고 총투자금액은 4900만 달러에 이르렀다. 2011년 5월 19일, 링크드인의 성공적인 기업공개는 전문직 네트워크 서비스 시장이 뜨겁게 달아올랐음을 더욱 확실히 보여주는 것 같았다(링크드인의 주가는 하루에 2배로 뛰어올랐다).

브랜치아웃의 사용자는 계속해서 가파르게 늘어나 2012년 봄, 최고

[**] Series B round, 안정된 비즈니스 모델을 통해 사업을 확장하고 수익성을 높여야 하는 단계.
[***] 〈월스트리트저널The Wall Street Journal〉에서 뽑은 기술 분야의 혁신적인 스타트업 회사 50곳.
[****] Monthly Active User, 한 달 동안 해당 서비스를 이용한 순수한 이용자 수.

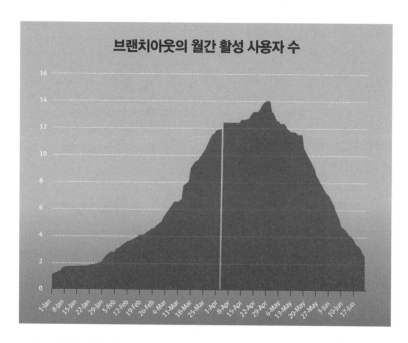

그림 2.1: 브랜치아웃의 월간 활성 사용자 수(100만, 2012년 1월 1일~6월 23일)[23]

치인 1400만 명에 달했다. 하지만 다음 그래프에 나타나듯 파티는 끝났고 사용자 수는 곤두박질쳤다. 〈테크크런치TechCrunch〉는 브랜치아웃의 붕괴를 다음과 같이 설명했다.

브랜치아웃 가입자 중 실사용자는 얼마 없었고, 수익을 얻기 위해 계획했던 채용 검색 도구는 많은 관심을 얻지 못했다. 페이스북이 담벼락에 스팸성 게시물 등록을 금지하자 브랜치아웃은 급격히 흔들리며 성장 속도보다 빠르게 무너졌다. 브랜치아웃의 기찻길이 완전히 사라진 것이다.

결국 2014년 9월, 허스트Hearst에서 브랜치아웃의 자산과 팀을 인수하면서 사업은 막을 내렸다.

브랜치아웃, 페이스북, 링크드인 세 기업의 성공은 다른 사용자들의 존재에 의존하는 서비스 가치에 바탕을 두었다. 이것이 바로 네트워크 경제의 핵심적인 특징이다. 세 기업의 설립자들은 사업의 특성을 충분히 알고 있었고 이러한 이해에 기반을 둔 전술들을 공격적이고 효과적으로 밀어붙였다. 페이스북과 링크드인은 각자의 네트워크가 나뉘어 있었기 때문에 공존할 수 있었다. 사용자들은 개인생활(페이스북)과 직장생활(링크드인)을 별개로 두기를 원했다. 브랜치아웃은 이 둘을 연결하고자 했으나 성공하지 못했다. 사용자들은 분리를 유지하고 싶어 했고, 이는 페이스북이 페이스북앳워크Facebook at Work 실패로 몸소 체득한 교훈이었다.

네트워크 경제는 높은 파워를 가져올 수 있다. 이를 바탕으로 큰 성공을 거둔 사업으로 IBM의 메인프레임, 마이크로소프트의 운영시스템, 스타인웨이Steinway의 피아노, 상장지수펀드* 등이 있다.

이득과 장벽

네트워크 경제는 제품이 고객에게 제공하는 가치가 다른 고객의 제

---

* Exchange Trade Fund, ETF, 특정 주가지수를 따라가는 지수연동형 펀드를 거래소에 상장시켜 주식처럼 편리하게 거래할 수 있도록 만드는 상품.

품 사용으로 증가할 때 발생한다. 이때 파워의 이득과 장벽은 다음과
같다.

- **이득**. 네트워크 경제에서 선두기업은 경쟁 기업보다 높은 가격을 매길
  수 있다. 더 많은 사용자를 확보하고 있어 더 높은 가치를 제공하기 때
  문이다. 예를 들어 링크드인의 HR솔루션의 가치는 링크드인 사용자
  수에서 비롯된다. 따라서 링크드인은 사용자가 적은 경쟁 제품보다 높
  은 가격을 받을 수 있다.

- **장벽**. 네트워크 경제의 장벽은 시장점유율 확보에 따르는 매력적이지
  않은 비용/편익이며, 이는 대단히 높을 수 있다. 특히 추종기업의 가
  치 결손이 너무 커서 이를 상쇄하는 데 필요한 가격 할인을 고려할 수
  조차 없을 때도 있다. 예를 들어 '사용자들이 링크드인 대신 브랜치아
  웃을 사용하도록 하려면 브랜치아웃은 무엇을 제공했어야 하는가?'라
  는 질문을 생각해보자. 대부분의 전문가는 모든 사용자가 적지 않은
  대가를 요구했을 것이며, 그에 따라 브랜치아웃의 지출 총액은 막대한
  수준이었을 것이라는 점에 동의할 것이다.

네트워크 경제가 나타나는 산업에는 대부분 다음과 같은 특징이
있다.

- **승자독식**. 강력한 네트워크 경제가 있는 사업은 흔히 티핑포인트* 가 특징으로 나타나, 한 기업이 어느 정도 우위를 확보하면 다른 기업들은 패배를 인정한다. 도전을 통해 얻는 손익이 너무나 형편없기 때문에 그대로 게임이 끝나는 것이다. 예를 들어 구글처럼 우수하고 자금력을 갖춘 기업도 구글플러스로 페이스북을 밀어낼 수 없었다.**

- **경계성**. 이는 강력한 장벽이긴 하지만 네트워크의 특성에 의해 좌우된다. 페이스북과 링크드인의 지속적인 성공은 이러한 경계성을 잘 보여준다. 페이스북은 자체적으로 강력한 네트워크 경제를 갖고 있지만 이는 전문적인 영역의 상호 작용이 아닌 개인적인 네트워크와 관련된다. 네트워크 효과의 경계는 사업의 경계를 결정한다.

- **결정적인 초기 제품**. 티핑포인트의 역학이 작용하기 때문에 초기에 상대적 규모를 확보하는 것이 파워를 발전시키는 데 매우 중요하다. 누가 가장 빨리 규모를 확보하는가는 대부분 누가 먼저 가장 적합한 제품을 내놓는가에 따라 결정된다. 페이스북이 마이스페이스에 승리한 것이 좋은 사례다.

---

* tipping point, 어떤 변화가 서서히 진행되다가 어느 순간 균형이 깨지고 급속히 확산되는 현상.
** 구글은 2011년 페이스북에 대항해 구글플러스라는 사회관계망 서비스를 출시했으나 2019년 서비스를 종료하며 실패로 끝냈다.

그림 2.2: 7파워 중 네트워크 경제

지금까지 살펴본 이득/장벽 조합으로 네트워크 경제를 7파워 차트에 나타낼 수 있다.

네트워크 경제의 정의:

사용자 기반이 늘어남에 따라 고객이 증가하여 가치가 실현되는 사업.

네트워크 경제:
산업 경제구조와 경쟁 지위

파워는 가치를 높여 미래에 초과수익을 얻을 수 있게 만들며, 이득/장벽 요건에 의해 확보된다. 앞서 제1장에서 살펴본 것과 마찬가지로 파워의 강도를 계산하기 위해 선두기업 잉여 마진을 활용할 것이다. "추종기업이 전혀 수익을 내지 못하는 가격 수준에서 선두기업의 수익성을 결정하는 요인은 무엇인가?"

네트워크 경제의 경우, 모든 비용을 변동비(c)로 가정한다. 따라서 가격이 변동비와 동일할 때 추종기업의 이익은 0이다. 선두기업은 차별화된 네트워크 혜택을 통해 가격보다 큰 가치를 제공한다. 선두기업이 이러한 가치에 해당하는 수준으로 가격을 올릴 수 있다고 가정하자.

선두기업 잉여 마진[24] $= 1 - 1/[1+\delta(_sN - _wN)]$

$\delta \equiv$ 네트워크에 한 명이 추가로 합류할 때 기존 회원에게 생기는 이익을 생산 단위당 변동비로 나눈 값

$_sN \equiv$ 선두기업의 사용자 기반

$_wN \equiv$ 추종기업의 사용자 기반

δ는 네트워크 경제의 강도, 즉 산업 비용 대비 네트워크 효과의 중요도를 나타낸다. 물론 이것은 간단하게 정리한 공식이다. 브랜치아웃, 링크드인, 페이스북이 직면한 현실 상황에서는 네트워크 효과의

가치가 더 복잡하다. 예를 들어, 네트워크 경제의 강도는 정확한 선형 관계가 아닐 것이다. 당신이 페이스북을 사용하는 미국 대학생이라면 울란바토르에 사는 사용자보다 같은 수업을 듣는 사용자가 당신에게 훨씬 더 가치 있을 것이다.

마리니와 투자자들은 브랜치아웃의 δ가 제한적으로 정의된 '전문직' 공간인 브랜치아웃의 사용자 기반에 맞춰지기보다 페이스북이 지닌 사용자 기반의 절대적 우위를 통해 높아질 것으로 기대했다. 하지만 그러한 파급 효과는 거의 없는 것으로 나타났다. 링크드인은 전문직 공간에서 넘어설 수 없는 우위를 갖고 있었던 것이다.

$[_sN - _wN]$은 선두기업이 지닌 사용자 기반의 절대적 우위를 나타낸다. 강력한 네트워크 효과가 있는 산업이라 해도 이 값이 0에 가까워지면 선두기업의 잉여 마진 또한 0에 가까워진다. 이 방정식은 네트워크 경제에서 나타나는 티핑포인트의 결과 또한 분명히 보여준다. 사용자 기반의 격차가 커짐에 따라 추종기업의 이익이 0이 되는 가격 책정은 매우 큰 선두기업 마진을 낳는다(100퍼센트에 가까워짐). 이는 선두기업이 아주 매력적인 마진을 얻으면서 추종기업의 손익 분기점보다 훨씬 낮은 수준에서 가격을 결정할 수 있음을 의미한다. 따라서 추종기업은 동등한 가치를 제공하기 위해 막대한 손실이 발생하는 가격을 책정해야 할 것이다. 앞서 지적했듯이 브랜치아웃 사례에서 사용자들이 링크드인에서 브랜치아웃으로 전환하며 대가를 받아야 한다고 해도(마이너스 가격) 놀랍지 않을 것이다.

그러면 다시 한 번 파워를 각각의 요소로 나누어 분석해보자. 첫 번째는 산업의 경제구조를 반영하며(δ, 특정 사업영역에 존재하는 네트워크 경제의 정도), 두 번째는 그 구조 안에서의 경쟁 지위를 나타낸다 ($[_sN - _wN]$). 제1장에서 언급했듯이 각 요소는 독립적으로 이해되어야 한다.

	산업 경제구조	경쟁 지위
규모의 경제	규모의 경제 강도	상대적 규모
네트워크 경제	네트워크 효과의 강도	사용자 기반의 절대 차이

그림 2.3: 파워의 강도 결정 요인

부록 2.1:
네트워크 경제에서 선두기업 잉여 마진 도출

파워의 강도를 계산하기 위해 다음 질문을 생각해보자. "파워가 없는 기업(W)이 전혀 수익을 내지 못하는 가격 수준에서 파워를 가진 기업(S)의 수익성을 결정하는 요인은 무엇인가?"

총 네트워크 규모(사용자 수) $\equiv N = {}_sN + {}_wN$

여기 강한 기업 S와 약한 기업 W가 있다.

논의의 단순화를 위해 네트워크 효과가 동일하다고 가정하면, S기업은 다음과 같은 가격 프리미엄을 부과할 수 있다.

$${}_sP - {}_wP = \delta \, [{}_sN - {}_wN]$$

$\delta \equiv$ 사용자 1명이 추가될 때 기존 사용자들이 얻는 한계 이익

규모의 경제는 존재하지 않으므로,

단위기간의 이익 $\equiv \pi = [P - c] \, Q$

$P \equiv$ 가격

$c \equiv$ 단위당 변동비

$Q \equiv$ 기간당 생산량

선두기업의 레버리지를 나타내는 지표로서 다음과 같이 선두기업 잉여 마진을 평가한다.

P가 W기업의 수익이 0이 되는 가격일 때 S기업의 마진을 결정하는 요인은 무엇인가?

$$_W\pi = 0 \Rightarrow \qquad 0 = (P - c)\,_WQ \qquad \Rightarrow\ _WP = c$$

S기업은 프리미엄을 부과할 수 있으므로, $_SP = \delta\,[_SN - _WN] + c$

$$\therefore \qquad _S\pi = [(\delta\,[_SN - _WN] + c) - c]\,_SQ$$
$$_S\pi = [\delta\,(_SN - _WN)]\,_SQ$$

선두기업 잉여 마진 $\equiv$ S마진 $= [\delta\,(_SN - _WN)]/[(\delta\,[_SN - _WN] + c)]$

S마진 $= \dfrac{\delta}{c}\,[_SN - _WN]/[(\dfrac{\delta}{c}\,[_SN - _WN] + 1]]$

선두기업 잉여 마진 = 1 − 1/[(δ/c) ($_S$N − $_W$N) + 1]

경쟁 지위: $[_SN - _WN]$ – 사용자 기반의 절대 차이

산업 경제구조: δ/c – 변동비당 사용자 1명 추가에 따른 가치 증가분

$_SN = _WN$이면 SLM = 0

$\delta > 0$일 때 $_SN \gg _WN$이면 SLM $\rightarrow$ 100%

네트워크 경제에 대한 몇 가지 의견:

- 긍정적인 네트워크 효과가 있어도 파워를 확보할 가능성이 없을 수 있다.
  - 이득 조건을 충족하면서 수익을 내는 기업이 하나라도 존재하기 위해서는 네트워크 효과 δ가 잠재 사용자 기반과 비용구조에 비해 충분히 커야 한다. 동질적인 네트워크 효과가 가치창출의 유일한 원

천이라면 $N\delta < c$인 경우 수익성을 확보할 수 없다.

- 이것은 실리콘밸리에서 흔히 나타나는 문제다. 네트워크 효과가 있는 것으로 추정된다면 핵심 전략 과제는 다른 기업보다 훨씬 빠르게 규모를 확보하는 것이다. 다른 기업이 티핑포인트에 먼저 도달하면 게임은 끝난다.

- 하지만 잠재 N과 δ의 크기를 **사전에** 확신하기는 매우 어렵다. 따라서 상당한 선행 투자 자본이 필요하지만 현금 창출 능력이 불확실한 상황에 처하게 된다. 이러한 어려움을 겪은 사례로 트위터가 있다. 일반적으로 경영진에게 비난의 화살이 쏟아지지만 우리는 사업 자체의 특성을 중요하게 생각한 버핏의 의견을 돌아볼 필요가 있다. "탁월한 능력으로 좋은 평판을 지닌 경영자가 경제성 나쁘기로 악명 높은 사업에 뛰어들어도 그 사업의 나쁜 평판은 그대로다."[25]

- 네트워크 효과는 매우 복잡한 양상을 보일 수 있다. 하지만 앞서 언급했듯이 훌륭한 논의가 많기 때문에 핵심 내용만 간단히 살펴보았다. 여기서는 다루지 않았지만 흔히 나타나는 변형된 양상으로 간접 네트워크 효과가 있다(수요 측 네트워크 효과라고도 한다).

  - 어떤 사업영역에 중요한 보완물이 존재하고 이 보완물이 제품이나 서비스 별로 다소 배타적이라면 선두기업은 더 많고 좋은 보완물을 끌어들일 것이다.

  - 그 결과 고객에게 제시하는 종합적인 가치 제안이 개선된다(예를 들어, 선두기업 잉여 마진 증가).

- 대표적인 사례로 스마트폰 앱이 있다. 새로운 스마트폰 OS를 내놓는 것은 현재로서 어려울 것이다. 기존 OS보다 부족한 앱으로 시작할 것이기 때문이다. 이는 새로운 OS의 매력을 크게 떨어뜨린다. 앱 개발업체들은 시장이 작기 때문에 새로운 OS에 부족한 자원을 쏟을 인센티브가 없을 것이다.
- 이 경우 추가적인 보완물의 기여는 선형적이지 않다.

3장

카운터 포지셔닝

진퇴양난

보글의
바보 같은 작품

이번 장에서는 세 번째 파워 유형인 카운터 포지셔닝을 소개한다. 이것은 전략 조언자이자 주식 투자자로서 내가 자주 보아왔으나 사람들이 제대로 이해하지 못하고 있는 경쟁 역학을 설명하기 위해 정립한 개념이다. 사실 카운터 포지셔닝은 내가 가장 선호하는 파워 유형이다. 내가 연구하고 개발한, 역발상이 돋보이는 개념이기 때문이다. 카운터 포지셔닝은 일반적으로 사용되는 경쟁력 측정 기준으로 볼 때 결코 무너뜨릴 수 없을 것 같은 기존 기업을 이기는 방법이다.

그러한 경쟁을 보여주는 사례로, 액티브펀드[*] 시장을 공략한 뱅가

* active fund, 시장수익률보다 높은 수익을 올리기 위해 적극적인 운용전략을 펴는 펀드.

드Vanguard의 도전을 살펴보자. 뱅가드는 낮은 비용의 소극적인 인덱스펀드*를 상징하는 대표적인 기업으로 널리 알려져 있으며, 인덱스펀드를 통해 세계적인 자산운용사로 성장했다. 하지만 뱅가드를 시작할 당시 설립자 존 보글John C. Bogle은 지금과 전혀 다른 세상을 마주했다. 바로 적극적인 자산 관리가 지배하는 세상이었다.

1975년 5월 1일, 보글은 주저하던 웰링턴 매니지먼트Wellington Management 이사회를 설득해 뱅가드에 대한 지지를 이끌어내는 데 성공했다. 뱅가드의 정관은 매우 급진적이었다. 적극적인 관리에 대한 어떤 요구도 배제한 채 단지 시장을 추종하는 주식형 뮤추얼펀드를 개시할 것이며, 관리하는 펀드에 회사의 소유권을 두어 모든 수익을 주주에게 돌려주고 '원가에' 운영할 것을 표방했던 것이다. 그리고 이듬해, 판매 수수료를 받지 않는 노로드펀드no-load fund로 전환하는 세 번째 혁신을 단행했다.

업계에서 전혀 새로운 무언가를 창조해내는 것은 상황이 가장 좋을 때에도 매우 어려운 법이다. 뱅가드 역시 예외가 아니었다. 사업 준비는 순탄치 않았고 시작은 힘들고 괴로웠다. 뱅가드의 뿌리는 보글이 25년 전인 1950년에 썼던 프린스턴대학 졸업 논문으로 거슬러 올라간다. 이후 1969년 웰스파고Wells Fargo가 최초로 인덱스펀드를 내놓자 보글은 이를 눈여겨보았다. 그는 기초적인 학술 연구에서 영감을

---

* index fund, 정해진 지수의 수익률과 유사한 수익을 실현하도록 소극적으로 운용하는 펀드로, 이 펀드를 처음 내놓았을 때 사람들은 보글의 바보 같은 작품Bogle's Folly이라고 비난했다.

얻기도 했는데, 특히 1974년 〈포트폴리오 관리 저널The Journal of Portfolio Management〉에 실린 노벨 경제학상 수상자 폴 새뮤얼슨Paul Samuelson의 중요한 연구(폴 새뮤얼슨은 투자자들이 단순히 시장을 따라갈 수 있게 해주는 펀드를 제시했다)는 그에게 많은 영향을 미쳤다.

보글은 유명한 언더라이터**를 끌어모아 1976년 8월에 펀드를 출시했다. 하지만 시장의 반응은 냉담했고, 투자자들로부터 들어온 돈은 1100만 달러에 불과했다. 펀드가 출시된 지 얼마 지나지 않아 새뮤얼슨이 〈뉴스위크Newsweek〉에 기고한 칼럼을 통해 뱅가드의 노력을 높이 평가했으나 결과는 여전히 좋지 못했다. 1977년 중반까지 펀드 투자액이 1700만 달러밖에 되지 않았던 것이다. 뱅가드의 운영 모델은 유통을 외부에 의존했고, 특히 상품 특성상 브로커가 배제될 수밖에 없었다. 뱅가드가 내놓은 펀드는 고객의 액티브펀드 선택에 브로커들이 아무런 가치를 제공하지 않는다는 개념에 근거한 상품이었기 때문이다.

투자 사업에서 자신의 이익을 거스르는 것은 소심한 겁쟁이가 감당할 수 없는 일이다. 그러나 보글은 새로운 비즈니스 모델에 대해 한 치의 흔들림도 없었고 그 싸움을 열렬히 즐겼다. 물론 뱅가드는 적극적인 관리에 대한 철칙에서 계획대로 근본적인 우위를 점했다. 즉 액티브펀드의 평균 총수익률은 시장수익률에 맞먹는 수준이어야 하며, 액

** underwriter. 기업에서 발행하는 유가증권을 인수하여 일반에게 매각하는 업무를 담당하는 금융업자.

티브펀드가 패시브펀드보다 비용이 훨씬 높기 때문에 액티브펀드의
평균 순수익률은 패시브펀드보다 항상 낮았던 것이다. 게다가 액티브
펀드가 시장을 이기는 힘을 살펴보면 수익률의 계열 상관*이 매우 부
족했다. 다시 말해, 올해의 승자가 내년에도 승자가 될 수 있다는 이점
이 거의 없었던 것이다. 이러한 점을 종합하면 결국 액티브펀드는 다
음 도표에서 나타나듯 대체로 패자의 게임일 수밖에 없었다.

그림 3.1: 적극적으로 관리되며 주식시장을 이긴 주식형 펀드들의 수익률(미국)[26]

어두운 그림자를 드리웠던 뱅가드의 초기 자본은 이후 완만한 자
산 성장으로 이어졌다. 엑서터Exeter와의 합병에 힘입은 뱅가드는 그
림 3.2와 같이 조금씩 몸집을 키워가며 상당한 규모를 달성했다. 그

* serial correlation, 다른 시점의 데이터 사이의 상관관계.

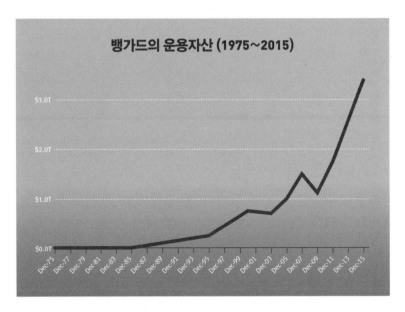

뱅가드의 운용자산 (1975~2015)

그림 3.2: 뱅가드의 운용자산(1975~2015)[27]

럼에도 불구하고 탈출속도[**]에 완전히 도달하기까지는 10여 년이 걸렸다. 하지만 일단 이륙에 성공하고 나자 놀라운 성장세를 나타냈고, 2015년 말 뱅가드의 운용자산은 3조 달러를 넘어섰다.

뱅가드에서 개척한, 낮은 비용과 수동적 접근을 모방한 상장지수펀드ETF의 등장 또한 액티브펀드를 더욱 어렵게 만들었다. 가랑비로 시작했던 인덱스펀드는 이제 폭우가 되었다. 다음 도표에서 나타나듯이 2007년부터 2013년까지 7년 동안 적극적으로 관리된 뮤추얼펀드는 6000억 달러 감소한 반면, ETF와 국내 주식형 뮤추얼펀드는 7000억

** escape velocity, 물체가 천체의 중력에서 벗어나 탈출할 수 있는 최소한의 속도.

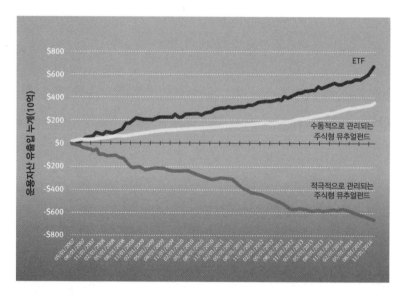

그림 3.3: 펀드 유형별 투자 유출입 누계[28]

달러 이상 증가했다.

카운터 포지셔닝:
이득과 장벽

비즈니스에서 새로운 비즈니스 모델의 등장과 궁극적인 성공만큼 복잡한 일은 거의 없다. 뱅가드의 등장과 관련된 다양한 상황을 생각해보라. 기존의 성공적인 대규모 액티브펀드들, 헌신적인 기업가, 확장되는 지적 한계, 빠르게 발전하는 컴퓨터 기술, 뿌리 깊은 채널 역인센티브, 고객의 잘못된 정보 등 많은 상황이 얽혀 있다.

이러한 가운데, 층층이 덮인 복잡함을 조심스럽게 벗겨내고 경쟁의 한복판에서 궁극적인 핵심을 포착하는 것은 전략가의 몫이다.

뱅가드의 우세한 지위를 이해하려면 먼저 다음 특성들을 살펴보아야 한다.

1. 우수한 비주류 비즈니스 모델을 개발한 신흥 기업
2. 확고하게 자리 잡은 막강한 기존 기업에 성공적으로 도전할 수 있는 새로운 비즈니스 모델의 능력
3. 기존 기업이 겉으로 보기에 무력하고 대응할 수 없는 상태에 놓인 가운데서도 꾸준히 증가하는 고객

이러한 요소는 뱅가드에만 국한되지 않고 자주 반복되는 상황이었다. 델Dell과 컴팩Compaq, 노키아Nokia와 애플Apple, 아마존Amazon과 보더스Borders, 인앤아웃In-N-Out과 맥도날드McDonalds, 찰스슈와브Charles Schwab와 메릴린치Merrill Lynch, 넷플릭스와 블록버스터 등 비슷한 사례가 매우 많았다. 하지만 거의 항상 똑같은 결과가 나타났다. 바로 기존 업체들의 무대응 혹은 너무 늦은 대응이다.

물론 이 승리들은 우연이 아니다. 이는 전략적 승리이며, 신흥 기업은 보통 기존 기업의 가치를 심각하게 약화시키면서 자신들의 가치를 창출하는 데 성공한다.

이제 파워로 돌아가 이득과 장벽을 살펴보자.

- **이득.** 새로운 비즈니스 모델은 낮은 비용과 높은 가격을 책정할 수 있는 능력 덕분에 기존 사업자의 모델보다 우월하다. 뱅가드 사례에서 뱅가드의 비즈니스 모델은 상당히 낮은 비용을 가져왔고(포트폴리오 매니저 비용, 채널 비용, 불필요한 거래 비용 제거) 이는 우수한 상품으로 이어졌다(높은 평균 순수익률). 뱅가드는 이익을 펀드 보유자들에게 돌려주는 비즈니스 구조 덕분에 차별적 마진 증가($\bar{s}$)가 아닌 시장점유율 증가($\bar{m}$)를 통해 가치를 실현했다.

- **장벽.** 카운터 포지셔닝의 장벽은 설명하기 다소 어렵게 보인다. 어떻게 막강한 기존 기업(이 경우 피델리티 인베스트먼트Fidelity Investments 같은 기업)이 그토록 오랫동안 신흥 기업에 지속적으로 꺾일 수 있는가? 그들은 뱅가드의 비즈니스 모델이 지닌 성공 가능성을 예견하지 못했는가? 흔히 그런 상황에서 잘 모르는 구경꾼들은 비전이 없거나 경영진이 무능하다며 기존 기업을 비난한다. 또 사업적 통찰력으로 이전에 박수를 받았던 기업들에게 이러한 비난을 쏟기도 한다. 많은 경우 이러한 관점은 부당하며 오해의 소지가 있다. 기존 기업의 대응 실패는 대부분 신중한 계산에서 비롯된다. 그들은 신흥 기업의 새로운 모델을 주시하며 이렇게 묻는다. '기존의 방향을 유지하는 편이 나은가, 아니면 새로운 모델을 받아들이는 편이 나은가?' 카운터 포지셔닝은 기존 사업에 피해가 예상되어 '아니요'라는 대답이 나오는 경우에 적용된다. 쉽게 말해, 부수적 피해가 장벽으로 작용한다. 뱅가드 사례에서 피델리티는 액티브펀드를 운용하는 자신들의 매우 매력적인 프랜차

그림 3.4: 7파워 중 카운터 포지셔닝

이즈를 검토했고 새로운 패시브펀드의 그리 높지 않은 수익률이 주력 상품 전환에 따른 피해를 상쇄하지 못할 것이라고 결론지었다.

이러한 사전 이해를 바탕으로 이제 카운터 포지셔닝을 7파워 차트에 나타낼 수 있다.

카운터 포지셔닝의 정의:

기존 기업이 자신의 기존 사업에 피해가 갈 것으로 예상하여 모방하지 않는 새롭고 우수한 비즈니스 모델을 신규 기업이 도입하는 것.

다양한
부수적 피해

기존 기업이 신흥 기업을 모방하는 데 실패하는 몇 가지 이유가 있다. 여기서는 각각의 차이를 자세히 살펴봄으로써 올바른 전략적 태도를 명확히 제시할 것이다. 이를 위해 기존 기업의 사업개발팀이 신흥 기업의 새로운 사업 방식에 대해 투자 타당성을 평가한다고 생각해보자.

매력적이지 않은 단독 사업은 카운터 포지셔닝이 아니다. 첫 번째 단계에서 새로운 사업 방식에 대한 단독 평가 결과 매력적인 수익을 내지 못할 것으로 예상된다면 사업개발팀은 카운터 포지셔닝이 아님에도 이러한 상황을 제외할 것이다. 이를 판단하기 위해서는 다음 질문이 필요할 것이다.

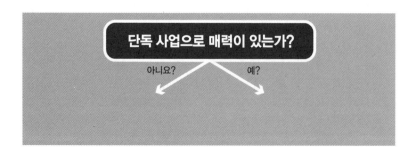

답이 '아니요'인 경우, 부수적 피해는 기존 기업이 신흥 기업의 새로운 사업 방식을 배제한 이유가 되지 않는다. 새로운 사업 방식은 그 자체로 가능성 없는 투자일 뿐이다.

코닥Kodak에 대한 디지털 카메라의 도전은 이를 잘 보여주는 대표적인 사례다. 코닥은 지속적인 필름 구매 니즈에 바탕을 둔 전설적인 비즈니스 모델을 갖고 있었다. 필름은 규모의 경제와 독점권(제6장에서 다룰 파워 유형인 독점자원)으로 엄청난 수익을 내는 제품이었다. 코닥은 1900년에 혁신적인 브라우니 카메라의 첫 모델을 출시했다. 1930년에 이르자 코닥은 다우존스 산업지수에 포함되는 기업이 되었고, 이는 40년 넘게 이어졌다. 그야말로 거대 기업 제국 중 하나였던 것이다.

그러나 디지털 사진이 등장하면서 상황은 크게 달라졌다. 아날로그 화학 필름이 결국 망할 운명이라는 것은 무어의 법칙으로 누구나 추정할 수 있었다. 전문가들은 무능한 경영진, 비전의 부재, 타성에 젖은 조직 때문이라며 코닥을 비난했고, "세계 최고의 기업 가운데 높은 순위에 올라 있던 기업이 어떻게 그러한 패배로 쓰러질 수 있었는가?"라고 묻는 것도 당연한 일이었다.

그것은 타당한 질문이다. 그리고 답은 여러 의견보다 훨씬 간단하다. 사실 코닥은 자신의 최종 운명을 확실히 알고 있었고 살아남기 위한 대안을 모색하는 데 많은 노력을 기울였다. 그러나 디지털 사진이 단지 코닥에 매력적인 사업 기회가 아니었다. 코닥의 비즈니스 모델은 필름 사업의 파워에 기반을 두었다. 코닥은 카메라 회사가 아니었던 것이다. 필름의 디지털 대체물은 반도체 저장 장치였고, 코닥은 이 분야와 전혀 관련이 없었다. 한 기업으로서 코닥은 뛰어난 경영진을 보유하고 있었다. 따라서 디지털 분야에서 이렇다 할 탐구 성과를 얻지 못하고 기존 사업을 고수한 것은 그저 그들에게 닥친 전략적으로 막다른 골목을 반영한 결과였다. 기술의 경계가 이동했고, 그에 따라 소비자는 더 많은 혜택을 얻었지만 코닥은 그렇지 않았다.

이 상황을 일반적으로 설명하면 다음의 세 가지 조건으로 특징지을 수 있다.

1. 기존 방식보다 우수한 새로운 사업 방식이 발전한다(낮은 비용, 향상된 기능).
2. 새로운 방식으로 만들어진 상품은 기존 방식으로 만들어진 상품을 대체할 가능성이 높다. 코닥의 사례에서 보듯, 반도체 기술이 발전함에 따라 디지털 이미지화가 화학적 이미지화를 완전히 대체하게 되었다.
3. 기존 기업은 새로운 사업영역에서 파워를 확보할 가능성이 거의 없다. 산업 경제구조가 파워를 뒷받침하지 못하거나(차별성 없는 범용 제품) 기존 기업의 경쟁 지위가 파워를 확보할 수 없는 위치에 있기 때문이다. 코닥의 뛰어난 강점은 반도체 메모리와 연관성이 거의 없었고, 그러한 신제품은 피할 수 없는 범용화commodization의 길에 있었다.

기존 기업의 경영 실패에 대해 종종 부당하게 이루어지는 비난과 마찬가지로 그러한 재창조는 매우 일반적인 일이다. "파괴의 강풍the gales of destruction"은 이 같은 상황을 나타낸 슘페터의 유명한 말이다.

하지만 이는 카운터 포지셔닝이 아니다. 코닥의 대응 실패는 필름 사업의 부수적 피해와 관련이 없고, 오히려 코닥이 디지털 사진이라는 단독 사업에서 파워를 갖출 일말의 가능성도 없었음을 나타낼 뿐이다.

그러한 상황에 직면한 CEO는 다음과 같이 어떠한 투자도 거부할 것이다.

부수적 피해가 결정적인 억제 요인으로 작용하는 사례를 살펴보기에 앞서 흔히 논의되는 다른 이슈에 대해 한 가지 더 언급하고 싶다. 코닥은 자신의 사업을 필름이 아닌 이미지 저장으로 보아 '마케팅 근시안'[29],*을 피할 수도 있었을 것이다. 그러나 안타깝게도 사업영역을 넓게 보는 이러한 견해는 아무 소용이 없었을 것이다. 코닥은 여전히 반도체 역량이 부족했고 그에 따라 부정적인 결과가 나왔을 것이기 때문이다.

---

* marketing myopia, 소비자의 본원적 욕구를 보지 못하고 제품에만 집착하는 사고방식.

1. 우유 짜기: 부정적으로 결합된 NPV. 새로운 사업 방식이 디지털 저장과 달리 단독으로 유망한 사업이었다고 가정하자. 이 경우 CEO는 다른 이슈에 직면할 것이다.

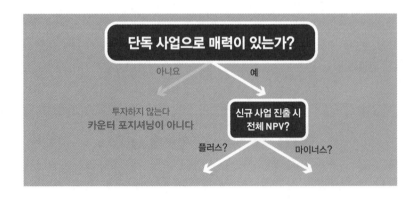

이것은 패시브뮤추얼펀드가 등장하기 시작했을 때, 피델리티의 CEO 네드 존슨Ned Johnson이 직면한 상황이었다. 코닥의 사례와 달리 피델리티는 패시브펀드를 개발하고 유통할 수 있는 역량을 모두 갖추고 있었다. 그들은 유력한 뮤추얼펀드 기업이었고, 이 분야에서 그들의 역량은 누가 보아도 도전자인 뱅가드보다 우위에 있었다.

하지만 패시브펀드 진입이 기존의 액티브펀드 사업에 미친 영향은 마이너스였을 것이다. 액티브펀드는 근본적으로 더 높은 비용 부담을 수반했고, 많은 경우 선불 판매 수수료까지 있었다. 따라서 패시브펀드가 매출을 잠식하면서 액티브펀드는 극적인 매출 감소가 일어났을 것이다. 게다가 피델리티의 많은 직원이 실존적 위협이 다가옴을 느꼈고, 이러한 상황에서 패시브펀드가 도입되려면 액티브펀드를 옹호하는 그들의 입장이 바뀌어야 했을 것이다. 그들은 당연히 새로운 펀드에서 얻을 수 있는 이익보다 기반 사업인 액티브펀드의 손실이 더 클 것이라고 생각했다.

그렇다면 비슷한 가정에서, 합리적인 현 CEO는 새로운 사업 방식을 도입하지 않기로 결정할 것이다. '투자하지 않는다'라는 결정은 카운터 포지셔닝CP의 한 유형을 나타낸다. 나는 이를 '우유 짜기Milk'라는 용어로 표현한다. 새로운 비즈니스 모델이 매력적임에도 불구하고 CEO가 쇠퇴하는 기존 비즈니스에서 우유를 짜내기로 결정한 것이기 때문이다.

분명히 말하자면, 투자 결정이 기존 사업에 대한 피해(부수적 피해)를 상쇄할 수 있지만 투자하지 않기로 하는 결정에는 여전히 몇 가지 이점이 있다. 이것이 카운터 포지셔닝의 장벽이다.

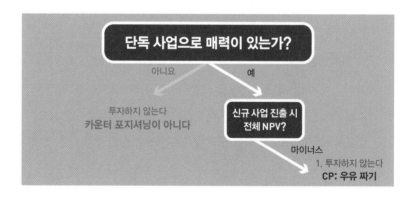

카운터 포지셔닝에는 역학이 작용한다. 바로 우유 짜기가 특히 도전 기업에 실질적으로 중요하다는 점이다. 도전 기업이 기존 기업의 고객

기반을 잠식함에 따라 기존 기업의 부정적인 특성 두 가지가 감소한다. (a) 기존 기업의 원래 사업이 축소되고, (b) 도전 기업에서 내세운 새로운 비즈니스 모델의 실행 가능성을 둘러싼 불확실성이 줄어든다. 이러한 시나리오가 펼쳐지면서 위험이 반영된 부수적 피해의 예상 규모가 감소한다. 어느 시점이 되면 합리적인 기존 기업은 부수적 피해가 이익을 상쇄할 만큼 크지 않다는 것을 알게 될 것이고 투자는 타당해진다. 이처럼 기존 기업이 뒤늦게 신규 사업에 진출하는 것은 흔히 있는 일이다. 이를 두고 기존 기업이 늑장 대응을 하는 것이라고 여기는 사람들도 있겠지만 그보다는 상황에 대한 합리적인 대응인 경우가 많다.

2. 역사의 노예: 인지편향. 객관적인 외부 애널리스트가 기존 기업에서 새로운 비즈니스 모델에 진출할 가능성을 조사한 결과, 신규 사업 진출의 한계 순현재가치가 플러스였다고 가정하자. 이는 투자의 타당성을 뒷받침할 것이다. 당신도 그렇게 생각하는가? 하지만 속단하기는 이르다. 부수적 피해에 대해 살펴볼 사항이 아직 남아 있다. 이러한 객관적 견해와 달리 순현재가치가 더 크게 감소할 것으로 생각된다면 신중한 CEO는 신규 투자를 여전히 거부할 것이다.

그렇다면 그러한 차이가 생기는 이유를 살펴보자.

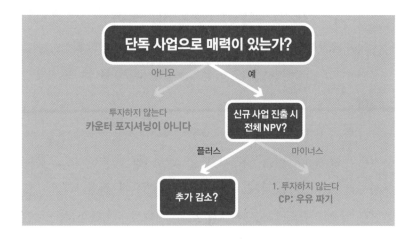

순현재가치를 더욱 감소시키는 잠재 요인은 무엇인가? 수많은 요인이 있겠지만 수십 년 동안 고객 전략을 다루면서 나는 일반적으로 나타나는 두 가지 요인에 주목했다.

첫 번째 요인은 기존 기업에 대한 도전에서 나타나는 두 가지 특성과 관련된다.

1. 도전 기업의 비즈니스 모델은 참신하지만 아직 검증되지 않았다. 그결과 특히 외부 시각에서 볼 때 불확실성에 덮여 있다. 신호 대 잡음 비율*이 낮은 그러한 상황은 불확실성을 높일 뿐이다.
2. 기존 기업은 성공적인 비즈니스 모델을 갖고 있다. 넬슨Nelson과 원

---

* signal-to-noise ratio, 정보를 지닌 신호의 세기를 잡음의 세기로 나눈 값으로, 클수록 정보의 질이 좋아진다.

터Winter[30]가 제시한 '루틴routine'이라는 개념처럼 이 유산은 깊이 내재되어 영향력을 발휘하며, 세상이 돌아가는 방식에 대한 특정 견해를 형성한다. CEO는 어느 정도 이 렌즈를 통해 상황을 볼 수밖에 없을 것이다.

이러한 두 가지 특성은 기존 기업이 처음에 새로운 비즈니스 모델을 무시하고 그 잠재력을 극도로 과소평가하게 만든다. 피델리티의 네드 존슨은 낮은 비용의 패시브펀드를 보고 "어째서 사람들이 평균적인 수익에 만족하는 것인가?"라는 유명한 질문을 던지기도 했다. 이러한 부정적인 인지편향은 객관적인 관찰자가 그러한 투자를 긍정적으로 평가한다 해도 "투자하지 않는다"라는 결정으로 이어질 수 있다. 이것이 카운터 포지셔닝의 두 번째 유형이다.

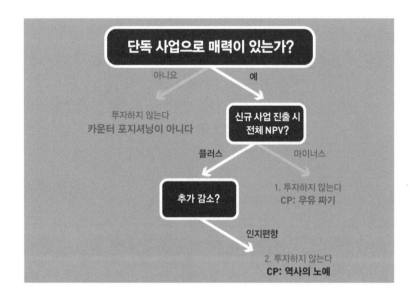

3. 고용 보장: 대리인 문제. CEO가 객관적으로 매력적인 투자 결정을 거부하게 만드는 두 번째 감소 요인이 있다. 바로 기업의 목표(가치 극대화)와 CEO를 비롯한 의사 결정자의 목표가 다른 것이다. 경제학자들은 이러한 상황을 '대리인 문제'라고 부른다. 대리인의 행동이 조직의 이해와 상충되기 때문이다.

일반적으로 대리인 문제는 인센티브와 관련된다. 예를 들어, CEO의 보상을 기업의 장기 가치와 매우 유사하게 설계하는 것은 대단히 어렵다. 카운터 포지셔닝에 있는 경쟁자의 위협에 대처하기 위해서는 기존 기업의 사업을 다양한 방식으로 뒤집어야 한다. 그러한 혼란이 기업 가치와 보상에 미치는 영향은 좀처럼 동일하지 않으며 장기 인센티브가 적용되는 경우에도 마찬가지다.

이는 카운터 포지셔닝에서 부수적 피해의 장벽으로 작용한다.

최종 도표에서 나타나듯이 카운터 포지셔닝은 부수적 피해의 내용에 따라 우유 짜기, 역사의 노예, 고용 보장 세 가지 유형이 있다. 이 가운데 대리인과 인지편향은 상호 배타적이지 않으며 동시에 나타나는 경우가 많다. 확고한 사업을 뒤집는 혼란과 동요가 함께하기 때문이다.

카운터 포지셔닝에 대한 논의를 마무리하기 위해 세 가지 주제를 더 살펴볼 것이다. 카운터 포지셔닝과 널리 알려진 개념인 파괴적 기술의 관계, 카운터 포지셔닝의 특징에 대한 몇 가지 일반 견해, 그리고 마지막으로 간단한 수학적 증명이다.

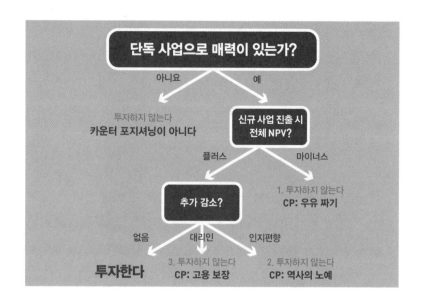

카운터 포지셔닝 vs.
파괴적 기술

나는 클레이턴 크리스텐슨Clayton Christensen의 학문과 기술 변화 추세에 대한 깊은 통찰에서 많은 도움을 얻었다. 그의 연구가 비즈니스 분야에서 매우 널리 알려진 만큼 나는 그가 제시한 파괴적 기술이라는 개념과 비교하여 카운터 포지셔닝에 대한 내 견해를 정리해야 한다고 생각했다.

카운터 포지셔닝의 핵심은 시간이 지나면서 기존의 비즈니스 모델을 대체할 가능성이 있는 새로운 비즈니스 모델의 개발이다. 더 일반적인 단어로 말하면 파괴적이라고 표현할 수 있다. 하지만 파괴적 기술Disruptive Technology; DT의 구체적인 의미를 고려하면 둘의 구분이 모호

해진다. 다음 예시를 생각해보자.

- 코닥 vs. 디지털 사진. 파괴적 기술이지만 카운터 포지셔닝은 아니다.
- 인앤아웃 vs. 맥도날드. 카운터 포지셔닝이지만 파괴적 기술은 아니다 (신기술이 관련되지 않음).
- 넷플릭스 스트리밍 vs. 케이블 채널 HBO. 카운터 포지셔닝이자 파괴적 기술이다.

이 목록이 보여주듯 두 개념은 전혀 같은 뜻이 아니다. 더 공식적으로 말하면 두 개념은 다대다 매핑 관계에 있다. 뿐만 아니라 7가지 파워 유형과 파괴적 기술 사이에도 다대다 매핑 관계가 성립한다. 하지만 파괴적 기술은 파워에 대해 아무것도 알려주지 않으며 따라서 가치에 대해서도 아무런 정보를 주지 않는다.[31] 이 때문에 파괴적 기술은 전략 정역학에서 부수적인 주제일 뿐이다.

이후 논의할 전략 동역학에서 크리스텐슨의 연구는 더 큰 연관성을 갖는다. 제2부에서는 발명이 파워를 만들어내는 첫 번째 요인임을 살펴볼 것이다. 발명이 반드시 파워로 이어지는 것은 아니지만 때로는 파워가 성립될 수 있는 상황을 만들기도 한다. 물론 파괴는 발명에서 비롯되는 하나의 결과다.

카운터 포지셔닝에 대한
의견

이 장을 마무리하기에 앞서 카운터 포지셔닝에 대해 전략가들에게 특히 도움이 될 몇 가지 의견을 제시하고자 한다.

- 서문에서 언급했듯이 파워는 실질적 암묵적 경쟁자 각각에 대해 고려되어야 한다. 이는 카운터 포지셔닝에서 특히 중요하다. 카운터 포지셔닝은 기존 기업에만 적용되는데, 새로운 비즈니스 모델을 활용하는 다른 기업에 대한 파워는 알 수 없기 때문이다. 따라서 카운터 포지셔닝은 부분적인 전략에 불과하다. 가치 창출을 보장하기 위해서는 비슷한 경쟁자 각각에 대해 파워를 확보하는 방법이 보완되어야 한다. 예를 들어, 인앤아웃은 맥도날드에 카운터 포지셔닝 파워를 갖고 있지만 이는 파이브가이즈 버거 앤드 프라이Five Guys Burgers and Fries처럼 비슷한 경쟁자와 맞서는 데에는 전혀 도움이 되지 않는다.

- 부수적 피해의 유형에서 언급했듯이 인지편향은 기존 기업을 단념시키는 역할을 할 수 있다. 하지만 도전 기업은 자신의 지위를 이용해 그러한 조치에 영향을 미칠 수도 있다. 어떻게 그럴 수 있는가? 우위를 점하고 있는 도전 기업은 자신의 우월을 자랑스럽게 드러내고 싶은 유혹을 떨쳐야 한다. 그러한 충동을 억누르고 기존 기업을 존중하는 어조를 취해야 한다. 이러한 행동은 기존 기업의 객관적 인식을 지연시키고 새로운 비즈니스 모델에서 도전 기업에 유리한 출발 기회를

제공할 것이다.

- 카운터 포지셔닝은 파워의 배타적 원천이 아니다. 제1장과 제2장에서
는 배타적인 파워 유형을 다루었고, 따라서 파워를 가진 기업이 하나
밖에 없었다. 이는 레버리지 계산에서 '경쟁 지위' 부분을 나타낸다.
앞서 살펴본 유형에서는 유리한 경쟁 지위를 가진 기업이 하나밖에
없었다. 반대로 카운터 포지셔닝에서는 여러 도전 기업이 기존 기업에
대해 카운터 포지셔닝을 확보할 수 있으며, 실제로 그런 경우가 많다.

- 카운터 포지셔닝은 가장 힘든 경영 문제 중 하나다. 2008년 내가 스탠
퍼드에서 학생들을 가르치기 시작했을 때, 노키아는 스마트폰 분야의
선두기업이었으나 2014년 무렵 시장에서 사라지고 말았다. 2011년,
노키아의 CEO 스티븐 엘롭Stephen Elop이 직원들에게 보낸 '불타는 플
랫폼'이라는 메일은 카운터 포지셔닝 문제에 직면한 기존 기업의 극심
한 좌절을 잘 보여준다.

> 경쟁 기업들이 우리 시장에 기름을 들이붓는 동안 우리는 무엇을
> 했습니까? 뒤로 물러나 대세를 놓쳤고 시간을 잃었습니다. 당시 우
> 리는 옳은 결정을 하고 있다고 생각했습니다. 하지만 지나고 보니
> 우리는 수년을 뒤처지고 말았습니다.
> 아이폰이 처음 출시된 것이 2007년입니다. 그런데 우리는 아직도
> 비슷한 제품을 내놓지 못하고 있습니다. 나온 지 불과 2년 남짓 된

안드로이드는 이번 주 스마트폰 판매량에서 우리를 제치고 선두에 올랐습니다. 믿을 수 없는 일입니다.

–스티븐 엘롭, 노키아 CEO

- 늘 그런 것은 아니지만 기존 기업이 카운터 포지셔닝 문제에 대응하는 방식에는 빈번하게 반복되는 시나리오가 있다. 나는 이것을 카운터 포지셔닝의 다섯 단계라고 부른다.

    1. 부인
    2. 조소
    3. 두려움
    4. 분노
    5. 항복(너무 늦는 경우가 많음)

엘롭의 메일은 '분노' 단계를 나타낸다.

- 시장 잠식이 심해지면 카운터 포지셔닝에 직면한 기존 기업은 무언가 조치를 취해야 한다는 엄청난 압박에 놓이게 된다. 그와 동시에 기존 비즈니스 모델을 망치지 말아야 한다는 큰 부담에 직면한다. 이러한 이중적 요구 사이에서 흔히 나타나는 결과는 무엇인가? 기존 기업은 간 보기dabbling라고 불리는 행동, 즉 물속에 발가락만 살짝 담글 뿐 의미 있는 대응을 거부하는 경우가 많다.

- 카운터 포지셔닝은 대부분 다음의 사건들이 함께 관찰되는 상황을 불러일으킨다.
  - 도전기업의
    - … 급격한 시장점유율 확대
    - … 높은 수익성(혹은 그러한 가능성)
  - 기존 기업의
    - … 시장점유율 감소
    - … 도전 기업의 조치에 대응하지 못함
    - … 결국 경영진 교체
    - … 너무 늦은 항복

도전 기업의 이점

확고한 파워로 견고하게 자리 잡은 기존 기업은 막강한 상대다. 이는 자명한 사실이다. 기존 기업이 오랜 기간에 걸쳐 무능한 경영을 하지 않는 한, 기존 기업에 도전하는 것은 대부분 패배하는 게임인 경우가 많으며, 그 같은 게임을 하는 것은 전혀 즐겁지 않은 일이다. 인텔의 그림자에서 벗어나기 위한 AMD의 긴 소모전은 이를 잘 보여주는 사례다.

하지만 강점을 약점으로 전환하여 경쟁의 판도를 뒤바꾸는 전투 방식이 있다. 위협적인 조지 포먼을 상대로 즉석에서 로프 어 도프* 기술을 이용해 승리한 무하마드 알리를 생각해보자. 알리는 포먼의 스트레이트 공격을 보고 그를 유인해 힘이 빠지도록 흔들어놓을 수 있다는 확신을 가졌다.

하지만 그러한 반전은 비즈니스에서 좀처럼 보기 어렵다. 경쟁은 보통 오랜 기간에 걸쳐 일어나며 양측 모두 매우 신중하게 대응하기 때문이다. 기존 기업이 순간적인 실수를 저지른다 해도 충분히 좋은 기회가 생기지는 않을 것이다. 도전 기업에서 걸어볼 만한 내기는 기존 기업이 최고의 경기를 펼친다 해도 밀려날 가능성이 있는 영역에서 싸우는 것밖에 없다. 카운터 포지셔닝을 확보한 역량 있는 도전 기업은 기존 기업의 강점을 이용해야 한다. 장벽, 즉 부수적 피해를 만들어내는 것은 바로 그 강점이기 때문이다.

카운터 포지셔닝
레버리지

카운터 포지셔닝에서 파워의 경쟁 지위는 두 부분으로 이루어진다. 즉 기존 기업은 주류 비즈니스 모델을, 신규 기업은 비주류 비즈니스 모델을 채택한다. 파워의 산업 경제구조 측면은 비주류 비즈니스 모델의

---

* Rope-A-Dope. 권투에서 로프의 신축성과 반동을 이용해 상대의 공격을 무력화하고 지치게 만드는 기술.

	산업 경제구조	경쟁 지위
규모의 경제	규모의 경제 강도	상대적 규모
네트워크 경제	네트워크 효과의 강도	사용자 기반의 절대 차이
카운터 포지셔닝	신규 비즈니스 모델의 우월성 + 기존 비즈니스의 부수적 피해	이원화: 신규 기업−신모델 기존 기업−구모델

그림 3.5: 파워의 강도 결정 요인

핵심적인 특성을 나타낸다. 비주류 비즈니스 모델은 기존 모델보다 우월해야 하며 부수적 피해에 대한 전망을 야기해야 한다.

부록 3.1:
카운터 포지셔닝에서 선두기업 잉여 마진 도출

파워의 강도를 계산하기 위해 다음 질문을 생각해보자. "파워가 없는 기업(W)이 전혀 수익을 내지 못하는 가격 수준에서 파워를 가진 기업(S)의 수익성을 결정하는 요인은 무엇인가?" 카운터 포지셔닝(CP)에서 기존 기업은 W, 도전 기업은 S에 해당한다.

두 비즈니스 모델은 변동비만 존재한다: 이익 $\equiv \pi = (P - c)\, Q$

$$P \equiv \text{단위당 가격}$$
$$c \equiv \text{단위당 변동비}$$
$$Q \equiv \text{단위 수량}$$

두 가지 비즈니스 모델이 있다: 구모델 $\equiv O$, 신모델 $\equiv N$

N의 우월한 비즈니스 모델 $\Rightarrow {}^N c < {}^O c$; N은 ${}^N P < {}^O P$를 통해 O를 잠식한다.

W기업은 N에 진입할지 여부를 놓고 선택에 직면한다.

선두기업 잉여 마진SLM은 파워가 없는 기업의 수익이 0인 가격에서 파워를 가진 기업이 얻을 수 있는 마진이다. SLM은 파워의 강도를 나타내는 지표다. 플러스의 잉여 마진은 S기업에게 이익을 얻고 파워 지위를 행사할 수 있는 기회를 제공한다. 네트워크 경제와 규모의 경제에서는 규모가 큰 선두기업이 S이며, 따라서 SLM은 시장점유율을 방어하는 과정에서 선두기업이 보복할 수 있는 여유를 나타낸다. 반면 카운터 포지셔닝의 경우 S는 도전 기업이며, 파워 지위 행사는 기존 기업 W가 N에 진입해 S와 싸울 가능성을 감소시키고 부수적 피해를 증가시킨다.

카운터 포지셔닝에서 SLM은 N에 진입하기로 결정한 W기업의 증분이익률이 0일 때 S기업의 마진일 것이다.

현실에서는 기업들이 여러 기간을 평가하겠지만 여기서는 논의를 단순화하기 위해 단일 기간의 문제로 상정할 것이다.

따라서 W기업이 N에 진입하여 얻는 이익을 상쇄하는 부수적 피해는 다음과 같다.

부수적 피해는 W기업에만 해당되므로 W, S 표기는 생략한다.

$$SLM \Rightarrow {}^N\pi + \Delta^O\pi = 0$$

여기서 $\Delta^O\pi$는 W기업이 N에 진입하여 **유발되는** O 비즈니스의 수익 변화를 나타낸다.

$$CP \Rightarrow {}^Nm * {}^N매출 + {}^Om * \Delta^O매출 = 0$$

$$\qquad {}^Nm * [{}^NP * {}^NQ] + {}^Om * [{}^OP * \Delta^OQ] = 0 \qquad Q = 단위\ 수량$$

$$\qquad\qquad\qquad\qquad\qquad\qquad\qquad\qquad\qquad\qquad m = 마진$$

$$\qquad {}^Nm * [{}^NP * {}^NQ] = -{}^Om * [{}^OP * \Delta^OQ]$$

$$\qquad {}^Nm = {}^Om * [{}^OP / {}^NP] * [-\Delta^OQ / {}^NQ]$$

$$\delta = W기업에\ 유발된\ O에서\ N으로의\ 시장\ 잠식\ 비율: \delta - \Delta^OQ /$$

^{N}Q

그러므로 $\boxed{SLM = {}^{O}m * [{}^{O}P/{}^{N}P] * \delta}$

따라서 SLM > 0일 때 앞서 제시한 전제 조건 ${}^{N}P < {}^{O}P$, ${}^{N}c < {}^{O}c$ 두 가지가 결합되면 카운터 포지셔닝 유형 중 우유 짜기의 특징이 된다. 또한 이득과 장벽 모두 분명하게 나타난다.

이 내용에 함축된 몇 가지 의미를 살펴보자.

- $\Delta^{O}Q = 0$인 경우. 이는 W기업이 N 진입으로 기반 사업인 O에서 추가적인 판매량 손실이 발생하지 않을 것으로 예상함을 의미한다.
  - 따라서 $\delta = 0$.
  - 이는 SLM = 0으로 이어지므로 카운터 포지셔닝이 존재하지 않는다.
  - 물론 부수적 피해도 전혀 없다.
  - 따라서 카운터 포지셔닝 위협에 직면한 기존 기업은 N 제공으로 O 고객의 추가적인 감소가 없는 고객층을 찾으려 할 것이다.
  - 예를 들어, 2015년 10월 24일 자 〈파이낸셜 타임스Financial Times〉의 기사를 보자.

월트디즈니의 가장 사랑받는 캐릭터와 스토리가 다음 달 영국에서 시작되는 새로운 스트리밍 서비스*를 통해 디지털로 제공된다.

디즈니라이프는 책과 음악을 애니메이션 및 실사 영화와 묶어서 판매한다. 디즈니의 콘텐츠를 고객에게 직접 온라인으로 스트리밍하여 디즈니를 세계 최대의 미디어 기업으로 올라서도록 하겠다는 계획이다.

디즈니는 내년에 프랑스, 스페인, 이탈리아, 독일 등 유럽 전역으로 서비스를 확대할 것이며 콘텐츠 또한 늘려갈 예정이라고 밝혔다. (중략) 디즈니의 최대 시장인 미국에 서비스를 도입할 계획은 없다. 영화와 텔레비전 콘텐츠를 유통하는 케이블 및 위성방송 사업자와 맺은 여러 계약들과 중복될 가능성이 있기 때문이다.

- $\delta < 1$인 경우(W기업이 N에서 얻는 판매량 증가가 O에서 잃는 판매량 감소보다 크다).
  - 카운터 포지셔닝 가능성이 낮다. 카운터 포지셔닝이 성립되기 위해서는 N에서의 마진이 N에서의 낮은 가격과 O에서의 판매량 감소를 모두 상쇄할 만큼 충분히 매력적이어야 할 것이다.
  - 따라서 기존 기업은 N 진입으로 인한 O의 판매량 잠식을 훨씬 넘어서는 N의 판매량 증가를 기대해야 할 것이다.

- 카운터 포지셔닝의 아이러니 중 하나는 기존 기업의 마진이 높을수록

* 디즈니라이프DisneyLife를 말한다.

SLM이 높다는 점이다. 이는 W기업이 기존의 O 비즈니스 잠식으로 잃는 것이 더 많음을 나타낸다. 따라서 카운터 포지셔닝은 큰 성공을 거둔 확고한 기존 기업에 대한 강력한 도전을 나타낼 수 있다.

- 인지편향(역사의 노예)의 가능성은 SLM 방정식의 요소를 이용해 유용하게 분석할 수 있다. N 진입을 고려할 때 기존 기업은 흔히 예상 δ를 높이는 인지편향을 나타내며, 따라서 SLM이 증가한다.
  - 기존 기업은 ^{N}Q보다 $\Delta^{O}Q$를 더욱 확신하므로 많은 경우 ^{N}Q를 과소평가한다. 예를 들어, N 진입을 바라는 W기업 구성원은 너무 큰 성과를 약속하지 않으려는 경향을 보일 때가 많다.
  - 따라서 이는 카운터 포지셔닝에 대한 인지왜곡을 만들어낸다.

- 대리인 효과(고용 보장)의 가능성 또한 SLM 방정식을 통해 살펴볼 수 있다.
  - 예시 1. 의사 결정에 영향을 미치는 중요한 영향권자가 O 비즈니스를 책임지는 부문장이다.
    - ⋯ O 비즈니스는 회사의 핵심 사업이며, 따라서 이 부문장의 의견은 큰 비중을 갖는다.
    - ⋯ 하지만 N 비즈니스의 결과는 다른 부문에서 비롯된다.
    - ⋯ 앞서 살펴본 사례를 이용하면, 액티브펀드 매니저들은 새롭게 형성된 패시브펀드의 운용자산에 대해 아무런 인정을 받지 못할 것이다. 이는 매우 현실적인 가정이다.

… 따라서 이들에게 $^NQ=0$이 되고, 이는 $\delta=\infty$를 의미하여 카운터 포지셔닝이 성립된다.

- 예시 2. CEO 수준에서 최근 성과(예를 들어, 올해)를 강조하는 보상 체계가 수립될 수도 있다. 부록에서는 단일 기간 공식을 사용했지만 실제 계산은 순현재가치NPV를 이용해야 하며 후속 연도가 크게 반영된다. 대리인 효과는 후속 연도의 비중을 낮아지게 만들 것이며, 부수적 피해가 발생할 가능성은 시간이 지날수록 점점 낮아지는 경향이 있다.

- 카운터 포지셔닝에서 대리인 효과와 인지편향이 우유 짜기와 상호 배타적이지 않음을 기억해야 한다. 실제로 세 가지 효과는 동시에 작용하는 경우가 많다.

- 동적 효과
  - 시간이 지날수록 δ가 하락하면서 파워의 강도가 감소하는 경향이 있다(더불어 카운터 포지셔닝도 사라질 것이다).
  - N에 의한 O의 시장 잠식 누적 합계가 증가함에 따라 ^NQ는 상승하는 경향이 있다. N의 사업성이 입증되고 알려지면서 N 전반에 걸친 기회가 더 커지기 때문이다. 또한 $|\Delta^OQ|$는 하락하는 경향이 있다. O에서 생기는 예상 손실은 W기업의 N 진입으로 유발되기보다 주로 도전 기업의 갑작스러운 등장에서 비롯되기 때문이다.
  - 부수적 피해 조건을 충족시키는 대리인 효과와 인지왜곡은 시간이

지남에 따라 약해진다. N의 위협을 둘러싼 불확실성이 감소하고 W기업에서 O를 중시하는 대리인들이 신뢰성과 영향력을 잃기 때문이다.

- δ가 감소하는 경향이 있으므로 SLM 또한 감소하며 부수적 피해는 W기업의 N 진입을 막기에 부족할 것이다. 이때가 앞서 언급한 항복 시점이다.

- 나는 이러한 설명이 매우 양식화된 내용임을 알고 있다. 하지만 기업의 미래 수익 계산은 이론적으로 복잡하지 않은 편이며 따라서 이처럼 양식화된 설명이라 해도 실제 일어나는 상황을 상당 부분 담아낼 수 있을 것이다.

- 전술적으로, S기업은 처음에 ^Nm이 매우 낮은 수준에서(^Om보다 훨씬 낮은) 가격을 설정하는 것이 좋을 것이다.
  - 일반적으로 ^Nm은 ^NP와 마찬가지로 W기업이 관찰할 수 있다. 반면 δ는 관찰할 수 없다.
  - 따라서 $[^NP/^OP]$가 매우 작은 경우, W기업은 낮은 시장 잠식률(δ)이 SLM>0으로 이어져 CP를 형성할 가능성이 높다고 생각해야 한다.
  - S기업이 처음에 $^Nm<0$인 NP에서 N 비즈니스를 운영하는 특별한 경우가 있다. 이때 $[^Nm/^Om]<0$이 되고 이 가격이 지속되는 동안 부수적 피해 조건이 충족된다. ^NP는 관찰 가능하지만 S기업의 동기는 관찰되지 않으므로 W기업은 S기업이 결국 $^Nm>0$인 수준으로

가격을 올릴 가능성이 낮다고 여길 것이다. 반면 S기업이 가격 선도자라고 가정하면 S기업은 가격 인상에 대한 정보를 알 수 있다.

4장

전환 비용

중독

HP의 고뇌

SAP는 전사적 자원 관리enterprise resource planning; ERP 소프트웨어를 공급하는 세계적인 선두기업이다. 사용자들은 회계 데이터, 판매 추적, 생산 관리 등 현대 기업을 운영하는 데 필수적인 데이터를 수집하고 분석하기 위해 이 소프트웨어에 의존한다. SAP는 ERP에서 성공을 거두었음에도 불구하고 고객 만족의 전형으로 여겨지지 않는다. 미국 SAP 사용자 그룹의 CEO 제프 스콧Geoff Scott은 이렇게 말한다. "전 CIO로서 제가 비즈니스 파트너들에게 지속적으로 들은 가장 큰 불만은 SAP의 사용자 경험이 복잡하고 불편하다는 것이었습니다."[32] 컴퓨웨어Compuware의 최근 조사[33]에 따르면 미국과 유럽의 SAP 고객 588명 중 43퍼센트가 SAP 전반에 걸쳐 응답 시간에 만족하지 않는 것으로 나타났다. 또한 SAP의 성능 문제가 재무 리스크를 초래할 것이라고 생각하는 사람이 거의 대부분이었고, SAP의 성능을 예측할 수 없다고 여기는 사람이 50퍼센트에 달했다. 한편 1000명 이상의 고객을 대상으로 한 또 다른 조사[34]에서는 89퍼센트가 앞으로 SAP에 연간 유지보수 비용을 계속 지불할 것이라고 응답했다. 어째서 고객들은 그토록 싫어하는 제품에 계속 돈을 지불하는가? 이는 마치 "IBM 제품을 구매해서 해고된 사람은 아무도 없다"라는 옛말이 "SAP를 계속 이용해서 해고된 사람은 아무도 없다"라는 말로 대체된 것 같다.

이러한 역설의 원인은 이번 장에서 다룰 파워 유형인 전환 비용에 있다. 간단한 사례로, 아이튠즈 고객에 대한 애플의 영향력이 이에 해당한다. 애플은 전용 포맷에서 다운로드가 이루어진다. 따라서 다른 프로그램으로 전환할 경우 애플 고객은 기존에 구매한 콘텐츠를 잃게 된다. 이는 고객에게 달갑지 않은 상황이며, 그토록 많은 고객이 어째서 애플에 묶여 있는지 설명해준다.

ERP 모델은 더욱 복잡하고 규모가 큰 사례를 제시한다. 다른 ERP로 전환하는 결정에는 높은 비용이 따른다. ERP가 일단 고객의 비즈니스에 통합되면 직원들이 시스템 사용법을 배우는 매몰 비용이 발생하고, 문제 해결을 위해 새로운 서비스팀과 관계를 형성하게 되며, 시스템을 고객 요구에 맞추기 위해 호환 소프트웨어에 투자하게 된다. 이러한 조치들이 실행되고 나면 시스템 교체에 막대한 비용이 들어갈 수밖에 없다. 경쟁력 있는 제품을 찾기 위한 시간과 노력, 대체 ERP 시스템과 보완 소프트웨어 구매 비용, 데이터 이전, 직원 재교육, 새로운 관계 형성, 시스템 전환 과정에서 생기는 서비스 중단 및 데이터 손실 위험 등

실로 어마어마한 비용이 발생하는 것이다.

기업이 걱정해야 할 부담스러운 전환 비용을 설명하기 위해 휴렛팩커드Hewlett Packard에서 북미 지역의 서버 영업 부문(당시 매출액 75억 달러) 시스템을 SAP로 이전할 때 일어났던 일을 살펴보자. 이는 전사 ERP 실행을 위해 본사의 지시에 따라 진행된 사안이었고, 따라서 영업 부문은 얼마가 되든 막대한 비용을 부담할 수밖에 없었다.

크리스티나 행어Christina Hanger는 2004년 5월 HP의 북미 운영 총괄 부사장이었다.[35] 그녀는 HP가 컴팩을 인수한 뒤 SAP 이전을 다섯 차례 감독한 바 있는 베테랑이었고, 이러한 경험을 바탕으로 시스템 이전을 위한 예산을 수립했다. 기존의 주문 입력 시스템을 SAP로 전환하는 데 3주, 추가적인 서버 인벤토리 작업에 3주를 계획했고, 전환 기간에 생길 수 있는 예상치 못한 제품 수요에 대비해 오마하에 있는 HP 공장에 추가 생산을 준비시켰다. 한마디로, 그녀는 철저하게 준비했다. 하지만 이처럼 면밀한 준비도 충분하지 않았다.

6월 1일부터 새로운 시스템을 가동하는 한 달 동안 고객의 서버 주문 가운데 20퍼센트가 기존의 주문 입력 시스템과 SAP 시스템 사이에서 처리되지 못한 채 멈춰 있었다.[36]

서버를 판매하는 회사가 HP만 있는 것은 아니었다. 고객들은 델이나 IBM으로 쉽게 돌아설 수 있었고, 처리되지 않은 주문이 쌓이면서 HP는 고객을 잃기 시작했다. CEO 칼리 피오리나Carly Fiorina는 추후 애널리스트와의 통화에서 이러한 대혼란으로 인해 1억 6000만 달러의 재정적 타격을 입었다고 밝혔다. HP의 경험은 ERP 전환으로 소프트웨어 자체 비용 이상의 매우 높은 전환 비용이 발생할 뿐만 아니라 전환 계획 전반에 걸쳐 위협적인 불확실성이 존재한다는 것을 완벽하게 보여주는 사례다.

SAP의 높은 유지율과 낮은 만족도라는 역설적인 조합은 기업에 매우 중요하지만 높은 전환 비용이 따르는 소프트웨어 제품의 경제적 현실을 나타낸다. 일단 제품을 구매하면 고객은 어쩔 도리 없이 그 제품에 얽매이게 되고, SAP는 연간 유지보수, 업그레이드, 추가 서비스, 소프트웨어, 컨설팅 등으로 지속적인 매출을 거둘 수 있게 된다. 게다가 고객과의 도급 계약에서 이익을 얻는 SAP 같은 기업은 그러한 서비스들의 가격을 대폭 인상하려는 동기를 갖는다. 그림 4.1에 나타나는 지속적인 주가 상승은 그러한 의존성에 기반을 둔 비즈니스 모델의 생명력과 지속성을 보여준다.[37]

7파워 중
전환 비용

전환 비용은 고객이 특정 기업에서 판매하는 다양한 제품 간의 호환성을 중시할 때 발생한다. 여기에는 동일 제품 재구매나 보완 제품 구매도 포함된다.[38]

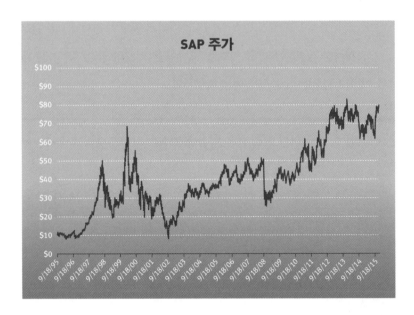

그림 4.1: SAP 주가[39]

- **이득.** 현재 고객들에게 내재된 전환 비용이 있는 기업은 동일한 제품이나 서비스에 대해 경쟁 기업보다 높은 가격을 부과할 수 있다.[40] 이러한 이득은 **현재** 고객에게 후속 제품을 판매할 때 파워 보유 기업에만 발생한다. 잠재 고객에 대해서는 이득이 없으며, 후속 제품이 없는 경우에도 이득이 발생하지 않는다.

- **장벽.** 경쟁 기업은 동일한 제품을 제공하기 위해[41] 고객에게 전환 비용을 보상해야 한다. 먼저 고객을 확보해 묶어둔 기업은 잠재 경쟁자가 비용 열위에 처하도록 가격을 설정하거나 조정하여 잠재 경쟁자의 도

전을 매력적이지 않게 만들 수 있다. 따라서 규모의 경제와 네트워크 경제처럼 장벽은 점유율 확보를 위해 도전 기업이 감당해야 하는 매력적이지 않은 비용/편익에서 비롯된다.

이러한 이해를 바탕으로 전환 비용을 7파워 차트에 나타낼 수 있다.

그림 4.2: 7파워 중 전환 비용

전환 비용의 정의:

추가 구매를 위해 대체 공급자로 전환할 때, 고객이 예상하는 가치 손실.

전환 비용의 유형

전환 비용은 크게 세 가지로 나눌 수 있다.[42]

재무적. 재무적 전환 비용은 처음부터 명백히 금전적으로 발생하는 비용을 말한다. ERP의 경우 새로운 데이터베이스와 보완 애플리케이션 구매 비용이 재무적 전환 비용에 포함될 것이다.

절차적. 절차적 전환 비용은 다소 애매하지만 설득력이 있다. 이는 기존 제품에 대한 익숙함 혹은 새로운 제품 도입과 관련된 리스크 및 불확실성에서 비롯된다. 직원들이 특정 제품의 자세한 사용법을 배우는 데 시간과 노력을 투입했다면 다른 시스템에 맞춰 재교육하기 위해 상당한 비용이 소요될 것이다. SAP의 경우 애플리케이션이 전사 기능 전반에 걸쳐 폭넓게 사용된다. 이는 인사, 영업, 마케팅, 구매, 회계 등 각 부서의 관리자는 물론 모든 직원이 SAP 시스템과 보완 소프트웨어를 기반으로 리포트 생성 방법을 배웠음을 의미한다. 그러한 시스템 전환은 조직 구성원 다수의 일상적인 업무 처리 방식을 바꾸게 만들어 조직적인 불만을 야기한다.

게다가 절차 변화는 오류로 이어질 가능성이 있다. 이는 데이터베이스에서 특히 비싼 대가를 치르게 만든다. 데이터베이스에는 고객 정보가 모두 담겨 있기 때문이다. 경쟁 기업에서 이러한 전환의 어려움을 줄이기 위해 지원 서비스와 프로그램을 제공한다 해도 큰 비용이 소요되고 불완전한 경우가 많다.

관계적. 관계적 전환 비용은 제품 사용을 통해, 그리고 다른 사용자 및 서비스 제공자와의 상호 작용을 통해 형성된 정서적 유대가 끊어짐으로써 발생하는 비용이다. 고객은 판매 및 서비스팀과 가깝고 도움이 되는 관계를 형성하는 경우가 많다. 그러한 친밀함, 편안한 커뮤니케이션, 긍정적인 상호 감정은 유대 관계를 끊고 다른 공급자로 전환할 가능성에 대해 저항을 일으킬 수 있다. 게다가 고객이 제품에 대한 애정과 사용자로서의 정체성을 발전시켜왔다면, 즉 비슷한 사용자 커뮤니티 속에서 연대감을 누린다면 해당 커뮤니티를 버리고 정체성을 바꾸는 것에 거부감을 느낄 것이다.[43]

전환 비용
강화 요인

전환 비용은 배타적이지 않은 파워 유형이다. 따라서 모든 참가자가 각자의 이득을 누릴 수 있다. IBM과 오라클은 SAP의 경쟁자이며, 그들 또한 높은 고객 유지율과 전환 비용으로 이득을 얻는다. 시장이 성숙함에 따라 전환 비용의 이득은 모든 참가자에게 명확해지고, 참가자들은 확보된 고객의 가치를 계산할 수 있다. 많은 경우 이는 신규 고객을 붙잡기 위한 열띤 경쟁으로 이어지며, 이러한 경쟁은 신규 고객 확보를 위한 이득을 약화시킨다.[44] 따라서 가치를 높이는 주된 방법은 가치를 파괴하는 가격 아비트리지가 발생하기 전에 고객을 확보하는 것이다.

추가적인 관련 판매가 이루어지지 않을 경우 전환 비용은 아무런 이득도 제공하지 않는다. 추가 판매를 일으키기 위해 더욱더 많은 부가제품을 개발하는 것이 하나의 전술이 될 수도 있다. 위키피디아에 제시된 SAP의 제품 오퍼링[45]에서 볼 수 있듯이 이는 SAP가 추진해온 방향이었다.

SAP Advanced Planner and Optimizer (APO)
SAP Analytics
SAP Advanced Business Application Programming (ABAP)
SAP Apparel and Footwear Solution (AFS)
SAP Business Information Warehouse (BW)
SAP Business Intelligence (BI)
SAP Catalog Content Management ()
SAP Convergent Charging (CC)
SAP Enterprise Buyer Professional (EBP)
SAP Enterprise Learning
SAP Portal (EP)
SAP Exchange Infrastructure (XI) (From release 7.0 onwards, SAP XI has been renamed as SAP Process Integration [SAP PI])
SAP Extended Warehouse Management (EWM)
SAP GRC (Governance, Risk and Compliance)
SAP EHSM (Environment Health Safety Management)
Enterprise Central Component (ECC)
SAP HANA (formerly known as High-performance Analytics Appliance)

SAP Human Resource Management Systems (HRMS)
SAP Success Factors
SAP Internet Transaction Server (ITS)
SAP Incentive and Commission Management (ICM)
SAP Knowledge Warehouse (KW)
SAP Manufacturing
SAP Master Data Management MDM)
SAP Rapid Deployment Solutions (RDS)
SAP Service and Asset Management
SAP Solutions for mobile businesses
SAP Solution Composer
SAP Strategic Enterprise Management (SEM)
SAP Test Data Migration Server (TDMS)
SAP Training and Event Management (TEM)
SAP NetWeaver Application Server (Web AS)
SAP xApps
SAP Supply Chain Performance Management (SCPM)
SAP Sustainability Performance Management (SUPM)

그림 4.3: SAP 제품 오퍼링[46]

인수 역시 일종의 아웃소싱 개발로 작용하여 제품 라인 확대를 촉진한다. 대대적인 인수 과정에서 나타나듯 이 또한 SAP가 추진해온 계획의 한 부분이었다.[47]

제품 포트폴리오 구축은 세 가지 유형의 전환 비용을 모두 증가시킬수 있다. 전환 비용이 매출에 미치는 영향(재무적)을 확대할 뿐만 아니라 전환을 점점 더 어렵게 만들어 종속의 강도를 높이기도 한다(절차적). 고객의 비즈니스 운영과 높은 수준으로 통합되고 그에 따라 광범위한 교육이 요구되는 점 또한 전환하려는 동기를 더욱 약화시킬 수있다. 이러한 교육은 현재 공급자와 정서적 유대 확립의 가능성을 제공한다(관계적).

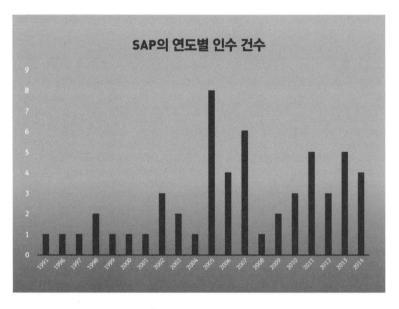

그림 4.4: SAP의 연도별 인수 건수[48]

전환 비용:
산업 경제구조와 경쟁 지위

앞서 언급했듯이 전환 비용은 배타적이지 않은 파워다. 즉 모든 참가자가 전환 비용의 이득을 누릴 수 있다. 따라서 전환 비용의 강도는 모든 참가자가 동등하게 직면하는 조건인 '산업 경제구조'에서 비롯된다. 잠재 이득은 고객이 있는 경우에 한해 발생하므로 전환 비용의 경쟁 지위 요소는 고객이 있는 경우와 없는 경우, 두 가지로 나뉜다.

여기서 한 가지 기억할 사항은 전환 비용의 우위가 기술의 구조적 변화로 인해 사라질 수도 있다는 점이다. ERP 업체들은 이러한 교훈을 잘 알고 있다. SAP와 오라클이 클라우드 기반 애플리케이션에 뒤처지지 않기 위해 현재 온갖 노력을 기울이는 것은 바로 이 때문이다.

전환 비용이 다른 유형의 파워를 확보하는 토대가 될 수 있다는 점

	산업 경제구조	경쟁 지위
규모의 경제	규모의 경제 강도	상대적 규모
네트워크 경제	네트워크 효과의 강도	사용자 기반의 절대 차이
카운터 포지셔닝	신규 비즈니스 모델의 우월성 + 기존 비즈니스의 부수적 피해	이원화: 신규 기업-신모델 기존 기업-구모델
전환 비용	전환 비용의 규모(강도)	현재 고객 수

그림 4.5: 파워의 강도 결정 요인

또한 중요하다. 사용자 연결과 다량의 보완 제품 공급은 네트워크 효과를 발생시킬 수 있다. 또한 전환 비용에 의해 이미 확립된 사용자의 제품 선호가 더 넓은 잠재 고객으로 확대되면 사람들은 브랜딩 효과를 누릴 수도 있다.

부록 4.1:
전환 비용에서 선두기업 잉여 마진 도출

S는 강한 기업, W는 약한 기업이다. 여기서 '약한 기업'은 고객을 보유하지 않은 기업이다.

$_sQ$ 소비자는 이미 S기업의 제품을 선택했다. $_sQ$ 소비자에게 후속 제품을 판매하여 S기업에 생기는 이득을 살펴보자.

논의를 단순화하기 위해 후속 제품의 효용이 두 기업 모두 동일하다고 가정하자. S기업은 전환 비용 Δ로 인해 가격 프리미엄을 부과할 수 있다.

$$_sP = \Delta + _wP$$

마찬가지로 논의를 단순화하기 위해 고정비는 없다고 가정하자.

$$이익 \equiv \pi = [P - c]\,Q$$
$$P \equiv 가격$$
$$c \equiv 단위당 변동비$$
$$Q \equiv 기간당 생산량$$

선두기업의 레버리지를 나타내는 지표로서 다음을 평가한다.

P가 W기업의 수익이 0이 되는 가격일 때 S기업의 마진을 결정하는 요인은 무엇인가?

$$_w\pi = 0 \implies \quad 0 = (_wP - c)\,_sQ \qquad \implies\ _wP = c$$

Δ 는 단위당 전환 비용이며

S기업은 프리미엄을 부과할 수 있으므로, $_sP = \Delta + c$

$$\therefore \quad _s\pi = [(\Delta + c) - c]\,_sQ$$
$$_s\pi = \Delta\,_sQ$$

$$\boxed{\mathbf{SLM = \Delta}}$$

산업 경제구조: Δ

경쟁 지위: $_sQ$

5장
브랜딩

기분 좋은 경험

2005년, 미국 ABC 채널의 아침방송 〈굿모닝 아메리카Good Morning America〉는 비슷한 크기의 다이아몬드 반지를 티파니Tiffany & Co.에서 1만 6600달러에, 코스트코에서 6600달러에 구매했다. 그리고 유명한 보석학자이자 감정사인 마틴 풀러Martin Fuller에게 반지의 가치를 평가해달라고 요청했다. 풀러는 코스트코 반지를 판매가보다 2000달러 높은 8000달러로 평가했다. "조금 놀랍군요. 보통 코스트코 같은 일반 마트에 고급 다이아몬드가 있을 거라고는 생각하지 않을 겁니다."[49] 풀러는 티파니 반지를 브랜드 없는 소매점의 1만 500달러짜리 반지로 평가했다.

이 결과는 전혀 특이하지 않다. 블루나일Blue Nile의 온라인 판매 가격과 비교하면 티파니의 가격은 거의 두 배에 달한다.

판매자 및 제품, 1캐럿	기본가
티파니: 티파니 세팅 (I VS2)	$12,000
까르띠에: 솔리테어 1895 (H VS2)	$14,800
드비어스: 시그니처	$12,200
블루나일: 클래식 6프롱 (I VS2)	$6,697

그림 5.1: 결혼반지 가격 비교

어째서 티파니는 명백히 동일한 제품에 대해 상당한 가격 프리미엄을 부과할 수 있는가? 폴러는 이렇게 설명했다.

"여러분은 그들이 내놓는 것을 삽니다. 그것은 브랜드 네임이고 티파니가 쌓아온 명성입니다. 그들은 수년에 걸친 품질 관리로 그러한 브랜드와 명성을 얻었습니다. 여러분은 매장에 가서 이 제품을 구매해도 될지 망설일 필요가 없습니다. 바로 그 점에 돈을 지불하는 것입니다."

솔직한 고객 감정은 이러한 경향을 더욱 분명하게 만든다. 다음 사례는 한 예비 약혼자가 온라인 게시판에 올린 "티파니 반지가 그만한 값어치가 있나요?"라는 글에 대한 답변이다.

#54
2009년 12월 3일, 8:43PM
사용자 X

지역: 캘리포니아 엔시니터스

나는 티파니를 구입했고 터무니없이 비싸게 산다는 걸 알고 있었다. 하지만 중요하지 않았다. 당시 나는 만족스러웠고, 다시 티파니를 구매할 의사가 있다. (실제로 나는 몇 년 뒤 아내의 결혼반지를 채널 세팅 다이아몬드로 업그레이드했다.)

내 우선순위는 품질, 인증 등을 의심할 필요 없이 최고 중에 최고로 사는 것이었다. 크기는 중요하지 않았다. 나는 아내에게 어울리는 완벽한 반지를 원했다. 우리 부부는 드러내고 과시하는 것을 좋아하지 않는 편이며, 반지가 티파니 제품이라는 사실을 떠벌린 적도 전혀 없다. 나는 합리적인 크기의 다이아몬드를 구매하고 그 반지가 저렴한 모조품이나 현란한 싸구려 보석이 아니라 세월이 흘러도 변치 않을 제품이라는 조용한 확신을 경험하는 것이 더욱 중요했다.

내가 신경 썼던 다른 부분은 언젠가(내가 죽었을 때) 내 손자들 중 한 명이 그 반지를 물려받을 것이라는 점이었다. '오래되지 않은 가보'를 산다는 것이 내가 티파니를 구매한 이유 중 하나였다. 미래의 내 손자는 이렇게 생각할 것이다. '젠장, 할아버지 완전 멋져!'

마지막 수정; 2009년 12월 3일, 8:46PM

비슷한 질문에 대해 다른 게시판에 올라온 답변은 아내가 티파니 반지임을 알고 보인 반응에서 큰 가치를 얻었다고 강조한다.

2007년 1월 11일, 0:30PM

사용자 X

몇 년 전 나는 돈을 아끼고 가성비 좋은 제품을 사기 위해 평판 좋다는 보석상에게 약혼반지를 구매했고 형편없는 제품을 받았다(그 보석상은 더 이상 장사를 하지 않는다). 나는 그 반지를 대신해 티파니에서 10배 더 비싼 새 반지를 구매했다. 비싼 값을 지불했지만 나는 마음의 평화를 얻었고 아내의 얼굴에 드러난 표정은 값을 매길 수 없을 만큼 소중하다. 이름 모를 보석상이나 코스트코의 다이아몬드는 티파니 같은 효과를 내지 못한다. 그 경험만으로도 충분히 비싼 값을 지불할 가치가 있다.

티파니의 지위는 부러움의 대상이겠으나 거기에 도달하기까지는 길고 고된 여정이 있었다. 티파니는 1837년 설립되었고 오랫동안 고급 보석에 대한 명성을 키워왔다. 1867년 파리 만국박람회에서 뛰어난 은 세공기술로 상을 받으며 처음으로 세계적인 인정을 받았고 이후에도 만국박람회에서 수상을 이어갔다. 1878년 티파니는 유명한 티파니 다이아몬드를 매입해 커팅했고, 1886년 티파니 세팅 기법으로 만든 다이아몬드 반지를 내놓았다* 티파니 세팅은 당시 일반적으로 사용하던 베젤 세팅과 달리 다이아몬드를 밴드에서 분리해 6개의 프롱으로 고정하는 방식이다. 이후 티파니는 부와 명품의 표준이 되었다.

이렇게 오랜 역사를 거치며 티파니는 자사의 이미지를 세심하게 관

---

* 티파니 세팅Tiffany Setting은 다이아몬드 아래까지 빛이 통과하도록 만들어 광채를 극대화한 방식으로, 주얼리 역사상 가장 의미 있는 혁신으로 평가받는다.

리했다. 대표적인 사례로 포장을 들 수 있다. 티파니는 웹사이트를 통해 티파니만의 블루박스Blue Box가 전하는 메시지를 내세운다.

바쁜 거리에서 유리창 너머로 얼핏 눈에 들어올 때나 손바닥 위에 가만히 놓여 있을 때, 티파니 블루박스는 심장을 두근거리게 만들고, 우아함, 희소성, 흠 없는 장인 정신이라는 티파니의 위대한 유산을 고스란히 보여줍니다.[50]

이러한 문구는 전혀 가볍지 않다.

- "유산Heritage"은 오래도록 같은 것을 지속해온 긍정적인 역사를 의미한다(우아하고, 희소하며, 흠 없는 보석을 만들어온 역사).
- "우아함Elegance"은 수석 디자이너와 컬렉션이 바뀌어도 소비자가 티파니 제품에서 일관되게 기대할 수 있는 특별한 미학적 디자인을 나타낸다.
- "희소성Exclusivity"은 최고를 얻기 위해 기꺼이 값을 지불하는 사람만이 티파니 제품을 가질 수 있음을 뜻한다. 이는 어떤 경쟁사도 아닌 티파니만이 그에 걸맞은 장인의 기술을 제공할 수 있다는 것을 의미한다.
- "흠 없음Flawless"은 티파니가 오랫동안 완벽한 제품을 만들어왔다는 자신감을 고객에게 보여준다. 고객은 보석의 품질에 관해 어떤 불확실성도 마주하지 않는다.

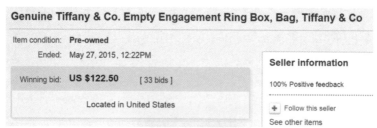

Genuine Tiffany & Co. Empty Engagement Ring Box, Bag, Tiffany & Co

Item condition: **Pre-owned**

Ended: May 27, 2015, 12:22PM

Winning bid: **US $122.50**   [33 bids]

Located in United States

Seller information

100% Positive feedback

➕ Follow this seller

See other items

그림 5.2: 이베이 경매에서 판매된 티파니 블루박스

티파니의 성공은 블루박스가 제품을 구매하면 무료로 제공되는 포장임에도 불구하고 그 자체로 금전적인 가치를 지닌다는 사실에서 잘 나타난다.

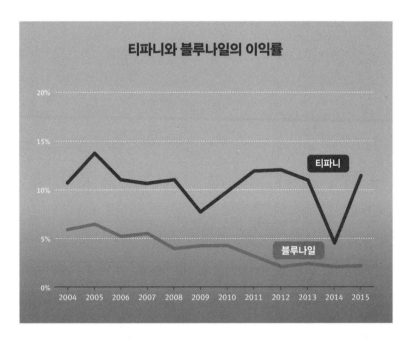

그림 5.3: 티파니와 블루나일의 연간 이익률[51]

티파니의 가격 책정 우위는 (전략의 본질에 대한 기본 방정식에서) 강력한 차별적 마진을 만들어낸다. 이는 지난 10년 동안 블루나일보다 월등히 높은 수준을 달성한 티파니의 이익률을 통해 나타난다.

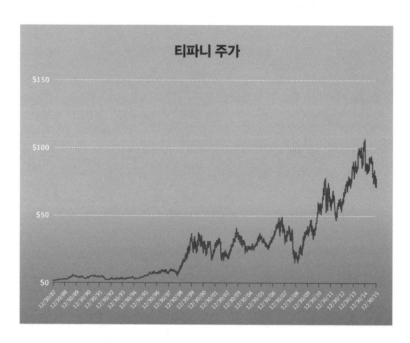

그림 5.4: 티파니 주가[52]

  그렇게 창출된 가치는 시가총액 100억 달러를 뒷받침하며, 꾸준히
상승하는 주가는 투자자들의 지속적인 기대를 증명한다.

브랜딩

티파니의 파워는 브랜딩에 있다. 브랜딩은 고객에게 정보를 전달하고
긍정적인 감정을 유발하여 제품 구매 의사를 높이는 자산이다.

  • **이득.** 브랜드를 확립한 기업은 다음의 두 가지 이유로 더 높은 가격을

책정할 수 있다.

1. **정서적 유발성.** 브랜드와의 유대는 제품의 객관적 가치와 별개로 제품에 대한 좋은 감정을 이끌어낸다. 예를 들어, 블라인드 테스트에서 세이프웨이Safeway의 콜라는 코카콜라와 별 차이가 없는 것으로 나오지만 테스트 결과를 밝힌 뒤에도 참가자들은 여전히 코카콜라를 구매할 의사가 더 크다.

2. **불확실성 감소.** 소비자는 브랜드 제품이 자신의 기대대로일 것임을 확신하며 '마음의 평화'를 얻는다. 바이엘Bayer의 아스피린을 예로 들어보자. 아마존에서 아스피린을 검색하면 바이엘 아스피린 200정이 9.47달러, 커클랜드Kirkland 아스피린 500정이 10.93달러에 판매되는 것을 볼 수 있다. 따라서 바이엘은 아스피린 한 알당 117퍼센트의 가격 프리미엄을 받는다. 그럼에도 불구하고 일부 고객은 여전히 바이엘을 선호할 것이다. 일관성을 유지해온 바이엘의 오랜 역사가 고객들에게 자신이 원하는 것을 구매한다는 확신을 주어 불확실성을 제거해주기 때문이다. 이처럼 브랜딩에서 비롯되는 이득은 전환 비용과 달리 기존 구매에 좌우되지 않는다는 점을 주의해야 한다.

- **장벽.** 강력한 브랜드는 오랜 기간 지속적인 강화 조치(**이력현상**hysteresis)를 통해서만 구축될 수 있으며, 바로 이 점이 장벽으로 작용한다. 티파니 사례를 다시 살펴보면, 그들은 100년 넘게 브랜드를 키워왔다.

더구나 모방 업체는 브랜딩을 추진하며 만만치 않은 불확실성에 직면한다. 의미 있는 정서적 유발성을 형성할지 장담할 수 없는 가운데 오랜 투자를 해야 하기 때문이다. 다른 브랜드를 모방하려는 노력은 부수적인 비용과 불확실한 결과를 수반하며 상표권 침해의 위험 또한 뒤따른다.

이러한 이해를 바탕으로 이제 브랜딩을 7파워 차트에 나타낼 수 있다.

그림 5.5: 7파워 중 브랜딩

브랜딩의 정의:

판매자에 대한 역사적 정보에 근거하여

객관적으로 동일한 상품에 지속적으로 더 높은 가치를 부여하는 현상.

브랜딩
-어려움과 특성

브랜드 희석. 기업은 지속적으로 브랜드를 관리하고 브랜드에 대한 평판이 일관성 있게 유지되도록 부단히 노력하고 집중해야 한다. 따라서 브랜딩 과정에서 기업이 빠질 수 있는 가장 큰 위험은 브랜드 이미지에서 벗어나거나 브랜드 이미지를 저해하는 제품을 내놓아 브랜드를 약화시키는 것이다.

'대중적인' 판매량 증대를 추구하는 것은 희소성을 저해하고 제품과의 긍정적인 유대를 약화시켜 정서적 유발성을 떨어뜨릴 수 있다. 예를 들어, 할스턴Halston은 1970년대 고급 여성복 디자인의 표준으로 명성을 얻었다. 하지만 저가 소매업체인 J.C.페니J.C. Penny와 10억 달러 계약을 체결하며 대중적이고 저렴한 패션 라인을 확대하기로 결정하자 고급 백화점인 버그도프굿맨Bergdorf Goodman은 자신들의 브랜드를 지키기 위해 할스턴을 퇴점시켰다. J.C.페니에 입점했던 저가 라인은 실패했고 할스턴은 선망의 대상이었던 과거의 브랜드를 되찾지 못했다.

앞서 브랜딩의 장벽은 이력현상과 불확실성이라고 설명했다. 희석은 '이력현상의 시계를 원점으로 돌려놓아' 정서적 유발성을 구축하는 길고 불확실한 과정을 다시 시작하게 만들어 브랜딩 파워를 위협한다. 할스턴의 경험이 이를 잘 보여주는 사례다.

위조. 브랜딩 파워는 제품이 아닌 상표에서 비롯되므로 위조 업체는 강력한 브랜드를 자신의 제품에 거짓으로 붙여 무임승차를 시도한다. 브랜딩은 소비자와 반복적으로 이루어지는 긍정적 상호 작용에 의존하기 때문에 브랜드에 맞지 않는 제품을 시장에 쏟아내는 위조 업체는 브랜드를 점차 약화시킬 수 있다. 예를 들어, 2013년 티파니는 코스트코에서 쇼핑객에게 티파니 보석을 판매하는 것처럼 암시하는 광고를 한 것에 소송을 제기했다. 또한 모조 업체의 판매를 조장한 것에 대해 이베이eBay를 고소하기도 했다. 티파니는 2013년 소송 후 투자자들에게 보내는 보도자료에서 다음과 같이 명확히 밝혔다. "티파니는 코스트코 같은 창고형 할인 판매점을 통해 고급 보석을 판매한 적이 없으며 앞으로도 판매하지 않을 것이다."[53]

소비자 선호 변화. 시간이 지남에 따라 소비자 선호가 브랜드 가치를 약화시키는 방식으로 달라질 수도 있다. 닌텐도Nintendo는 가족 친화적인 비디오 게임이라는 브랜드를 발전시켰다. 하지만 게임을 즐기는 인구가 아이에서 어른으로 변화함에 따라 게임 수요 또한 성인에게 적합한 게임으로 바뀌었다. 닌텐도의 브랜딩은 변화에 수반되는 부정적인 영향으로 인해 새로운 고객층으로 확장하지 못했다. 전략의 본질에 대한 기본 방정식에서 볼 때, 어린이 고객층의 M_0에서 달성된 매력적인 차별적 마진($\overline{m}$)을 성인 고객층에서는 얻지 못했던 것이다.[54] 문제는 브랜딩을 파워로 만드는 특성이 브랜딩의 변화 또한 어렵게 만든다는 점이다. 브랜드 희석이나 파괴는 신중히 고려해야 할 위험이다.

지리적 경계. 정서적 유발성은 한 지역에서만 적용될 수도 있다. 예를 들어, 소니 텔레비전은 수년 동안 미국에서 브랜딩 우위를 누렸다. 하지만 일본에서는 그러한 우위를 전혀 누리지 못했고, 그로 인해 파나소닉 같은 경쟁사보다 가격 프리미엄을 붙일 수 없었다.

협소한 개념. 파워의 높은 기준을 충족하기 위해, 파워 동역학에서는 마케팅보다 브랜딩을 훨씬 더 제한된 개념으로 본다. 따라서 '브랜드 인지도'가 매우 높아도 브랜딩 파워는 없을 수 있다. 이러한 경우 높은 브랜드 인지도를 만든 것은 사실상 규모의 경제일 수 있다. 예를 들어, 코카콜라는 슈퍼볼 광고를 협찬할 수 있지만 RC콜라는 할 수 없다. 코카콜라 정도 규모가 있어야 높은 광고비를 지불할 수 있기 때문이다. 한 전략가는 이것을 브랜딩으로 분류하는 오류를 범하기도 했다. RC콜라는 적절한 브랜딩 방식을 실행할 수 있었으나 상대적인 규모 때문에 여전히 불리한 위치에 놓여 있다.

비배타성. 브랜딩은 배타적이지 않은 파워 유형이다. 따라서 직접적인 경쟁자가 동일한 고객층을 겨냥하는 강력한 브랜드를 가질 수도 있다(예를 들어 프라다, 루이비통, 에르메스). 하지만 브랜드 파워를 지닌 모든 경쟁자는 브랜드가 없는 경쟁자보다 높은 수익을 얻을 것이다.

제품의 유형. 브랜딩을 확보할 수 있는 가능성은 특정 유형의 제품에만 국한된다(자세한 내용은 부록에서 다룬다). 이를 위해서는 두 가지 요건을 충족해야 한다.

1. 중요도: 최종적으로 상당한 가격 프리미엄을 인정받을 가능성.
   a. 일반적으로 기업 간에 거래되는 제품은 의미 있는 정서적 유발성에서 비롯되는 가격 프리미엄을 부과하지 못한다. 대부분의 구매자가 객관적인 상품에만 관심을 갖기 때문이다. 반면 소비재, 특히 정체성과 연관된 소비재는 정서적 유발성이 구매 의사 결정에 더욱 큰 영향을 미치는 경향이 있다. 특정 정체성을 연계시키기 위해 다른 정체성의 배제를 나타낼 방안이 있어야 하기 때문이다.
   b. 불확실성 감소에서 비롯된 브랜딩 파워의 경우 고객의 높은 지불 의사는 제품 비용보다 높은, 불확실성에 대한 인지 비용에서 비롯된다. 그러한 제품은 나쁜 꼬리 사건*과 관련되는 경향이 있다. 대표적으로 안전, 의약품, 음식, 이동 수단 등이 이에 해당된다. 예를 들어, 브랜드 의약품은 복제 의약품과 성분 및 효능이 동일하지만

---

* bad tail event, 정규 분포의 꼬리 부분에 해당되어 발생 가능성이 매우 적지만 발생할 경우 큰 충격을 일으키는 사건.

훨씬 더 높은 가격을 받는다.

2. 지속기간: 중요도를 얻을 수 있을 만큼 오랜 기간. 오랜 기간이 필요하지 않다면 확보된 이득은 파워를 모방하려는 일반적인 아비트리지 행위에 희생될 것이다.

브랜딩:
산업 경제구조와 경쟁 지위

이 장을 마무리하기 위해 브랜딩 파워를 산업 경제구조/경쟁 지위 도표에 나타내보자. 브랜딩의 경우 모든 비용이 한계비용이라고 가정한다. 따라서 도전 기업의 수익이 0이 되는 가격은 한계비용과 동일하다. 선두기업이 제공하는 가치는 브랜드 가치로 인해 한계비용보다 크다. 선두기업이 더 높은 가격을 부과할 수 있다고 가정하면 다음 결과가 도출된다.

^{S}마진 $= 1 - 1/B(t)$

$B(t) \equiv$ 약한 기업의 가격 배수로 나타낸 브랜드 가치

$t \equiv$ 브랜드 초기 투자 이후의 시간

산업 경제구조는 $B(t)$의 함수(부록에서 자세히 설명함)를 규정하고 레버리지의 중요도와 지속성을 결정한다. 시간 t는 브랜드 파워 개발에서 W기업 대비 S기업이 가신 경쟁 시위를 나타낸다.

	산업 경제구조	경쟁 지위
규모의 경제	규모의 경제 강도	상대적 규모
네트워크 경제	네트워크 효과의 강도	사용자 기반의 절대 차이
카운터 포지셔닝	신규 비즈니스 모델의 우월성 + 기존 비즈니스의 부수적 피해	이원화: 신규 기업－신모델 기존 기업－구모델
전환 비용	전환 비용의 규모(강도)	현재 고객 수
브랜딩	브랜딩 효과의 지속성과 잠재적 중요도	브랜드 투자의 지속기간

그림 5.6: 파워의 강도 결정 요인

부록 5.1:
브랜딩에서 선두기업 잉여 마진 도출

파워의 강도를 계산하기 위해 다음 질문을 생각해보자. "파워가 없는 기업(W)이 전혀 수익을 내지 못하는 가격 수준에서 파워를 가진 기업(S)의 수익성을 결정하는 요인은 무엇인가?"

S는 브랜딩 파워를 지닌 강한 기업이며, W는 약한 기업이다.

브랜딩의 SLM 공식을 도출하기 위해 강한 기업 S에서 누리는 가격 프리미엄의 상한선을 결정하는 요인을 구체화해야 한다. 따라서 B(t)를 살펴보자.

$$B(t) = Z/(1 + (z-1)e^{-Ft}) * D_t * U_t$$

$B(t)$ ≡ t 시점의 브랜딩 가격 배수

Z ≡ 이러한 제품 유형의 잠재 브랜딩 배수 최대치, $Z > 2$

F ≡ 브랜드 주기 시간 압축 계수, $F > 0$

D_t ≡ t 시점의 브랜드 희석, $0 \leq D \leq 1$

U_t ≡ t 시점의 브랜드 과소 투자, $0 \leq U \leq 1$

$B(t)$는 t의 증가함수이며, 이는 브랜딩 개발을 위해 시간이 갈수록 관련 조치가 더해져야 한다는 현실을 반영한다. 로지스틱 함수는 시간이 지남에 따라 한계 수익이 감소하는 한편 브랜딩 투자가 강화되는 측면을 반영한다. 앞에 명시된 특정 형태의 $B(t)$는 위치모수를 F와 Z의 함수로 조정하여 t =0일 때 $B(t) = 1$이 된다. F가 커지면 로지스틱 곡

선은 가파르게 증가하고 브랜드 주기 시간은 짧아진다. F가 작아지면 로지스틱 곡선은 완만하게 증가하고 브랜드 주기 시간은 길어진다. 그림 5.7에서 나타나듯이 브랜드 희석이 없을 경우 D = 1이며, 브랜드 과소 투자가 없을 경우 U = 1이다. 그렇지 않을 경우 D와 U는 주어진 기간 동안 브랜딩 배수를 일부 감소시킨다.

시간은 경쟁 지위를 결정한다. t = 0에 시작한 경쟁 기업이 t = t에 강한 기업을 따라잡을 수 있는 능력을 좌우하는 것이 시간이기 때문이다. Z와 F(즉 B())는 산업 지위를 결정한다. 그림 5.7에서 나타나듯이 약한 기업은 수명 주기가 길어짐에 따라 더욱더 뒤처진다. 따라서 약한 기업이 강한 기업을 따라잡는 것은 점점 더 어려워진다. 브랜딩을 갖추지 못한 가장 약한 기업의 경우 브랜드의 지속성은 모든 t에서 B(0)에 대한 B(t) 함수의 형태에 좌우되며, 다른 경쟁 기업에 대해서는 다른 B'(t) 함수(즉 다른 F')와 다른 t가 적용된다.

논의를 단순화하기 위해 고정비는 없다고 가정하자.

이익 $\equiv \pi = [P - c]\, Q$

$\qquad P \equiv$ 가격

$\qquad c \equiv$ 단위당 한계비용

$\qquad Q \equiv$ 기간당 생산량

선두기업의 레버리지를 나타내는 지표로서 다음을 평가한다.

P가 W기업의 수익이 0이 되는 가격일 때 S기업의 마진을 결정하는 요인은 무엇인가?

$$_W\pi = 0 \implies \quad 0 = (_WP - c)\, _SQ \implies {}_WP = c$$

S기업은 $_WP$의 배수로 프리미엄을 부과할 수 있으므로, $_SP = B(t)*c$

$$\therefore \quad _S\pi = [B(t)*c - c]\, _SQ = [(B(t)\text{-}1)*c]\, _SQ$$

$$_S\pi = (B(t)\text{-}1)c\, _SQ$$

$$_S마진 = (B(t)\text{-}1)c\, _SQ/(B(t)c\, _SQ) = 1 - 1/B(t)$$

따라서 $\boxed{\textbf{SLM} = \textbf{1} - \textbf{1/B(t)}}$

함수 B()는 Z와 F 각각을 통해 레버리지의 중요도와 지속성을 규정

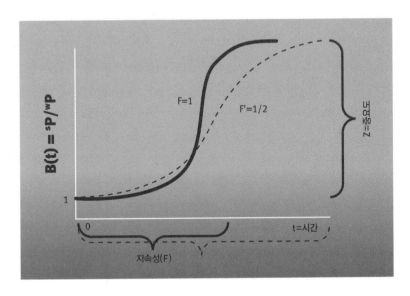

그림 5.7: 압축 계수별 시간의 함수로 나타낸 브랜딩

하는 산업 경제구조를 나타낸다. t는 브랜드 파워 개발에서 W기업 대비 S기업이 가진 경쟁 지위를 나타낸다.

6장
독점자원

모두 내 것

무한대를 넘어

1995년 11월 22일, 픽사Pixar의 〈토이 스토리〉가 개봉했다. 〈토이 스토리〉는 여러 면에서 모두가 숨죽이며 지켜보는 기대작이었다. 최초의 컴퓨터 애니메이션 장편 영화이자 픽사의 첫 장편 영화였고 존 래시터John Lasseter 감독의 데뷔작이었기 때문이다. 사람들은 월트디즈니에서 1937년 회사의 명운을 걸고 내놓았던 〈백설공주와 일곱 난쟁이〉를 떠올리지 않을 수 없었다. 그리고 디즈니가 앞서 얻은 결과와 마찬가지로 〈토이 스토리〉는 대성공을 거두었다. 불과 3000만 달러의 제작비로 전 세계 박스오피스를 휩쓸며 3억 5000만 달러를 벌어들였고 평론가들의 극찬 또한 이어졌다. 영화평론가 로저 에버트Roger Ebert는 〈토이 스토리〉에 열광하며 다음과 같이 말했다.

©Disney·Pixar

그림 6.1: 픽사의 초기 영화 10편

"영화를 보며 나는 영화 애니메이션의 새로운 시대가 열리고 있음을 느꼈다. 만화와 현실의 장점을 최대한 활용하여 구부러지고 찰칵대고 타닥거리고 펑 터지는 공간 어딘가에 하나의 세상을 창조한 것이다."[55]

이러한 성공은 도약의 발판이었다. 픽사에서 1995년 11월 주식을 상장할 수 있었던 것은 바로 〈토이 스토리〉 덕분이었다. 더불어 로드쇼의 대가라고 할 수 있는 스티브 잡스Steve Jobs의 지원 또한 뒷받침되었다. 픽사가 나스닥에 상장되면서 신생 스튜디오에 흔히 닥치는 실존의 위협은 기억 속으로 멀어졌고 투자 및 배급 파트너인 디즈니와의 협상에서 픽사의 지위 또한 달라졌다.

그러나 픽사의 다음 행보는 디즈니의 애니메이션 대본을 전혀 따르지 않았다. 디즈니는 〈백설공주와 일곱 난쟁이〉의 성공을 재현하려 애쓴 반면 픽사는 1998년 〈벅스 라이프〉, 1999년 〈토이 스토리2〉를 내놓았다. 두 작품은 영화 산업 역사상 가장 강력한 흥행의 시작을 알리며 예술적 상업적으로 놀라운 성공을 거두었다. 그림 6.1에 제시된 픽사의 초기 영화와 이후 제작된 후속 영화에 대해 따뜻한 기억을 갖고 있지 않은 사람은 아무도 없을 것이다.

다양한 작품에 걸친 픽사의 예술적 성공은 매우 놀라웠다. 초기 영화 10편의 로튼토마토* 평균 점수는 94퍼센트였고, 90퍼센트에 미치지 못한 작품은 〈카Cars〉밖에 없었다. 아카데미 시상식에서 8편의 영화가 장편 애니메이션 작품상을 수상했으며, 2편은 작품상 후보까지 올라 애니메이션 영화로서 인상적인 성과를 거두었다.

상업적 성공 또한 대단했다. 다음 도표에서 나타나듯이 픽사 영화의 총수익률 평균은 여타 개봉영화이나 픽사 외 애니메이션 영화보다 4배가량 높았다.

픽사 영화의 전 세계 매출은 53억 달러에 이르며, 이는 상당한 규모의 관련 제품 판매와 테마파크 수익을 제외한 액수다.

이러한 종합 성과도 대단하지만 개별 작품의 성과 역시 매우 인상적이다. 모든 영화의 총수익률이 플러스를 기록했고, 〈월-E〉를 제외한 모든 영화가 산업 평균 수익률을 넘어섰다.[56] 1990년까지 직원 수가

* Rotten Tomatoes, 영화에 대한 비평과 정보를 제공하는 웹사이트로, 비평가의 평점을 종합하여 점수를 매긴다.

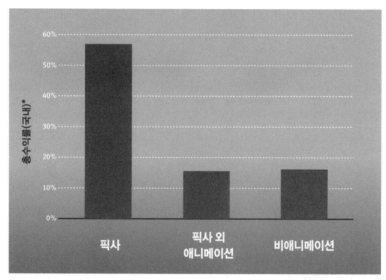

* (미국 박스오피스 매출−제작비)/(제작비)

그림 6.2: 미국 극장 개봉영화 총수익률(1980~2008)[57]

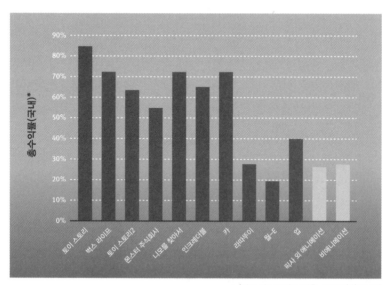

* (미국 박스오피스 매출−제작비)/(제작비)

그림 6.3: 픽사 영화의 총수익률 vs. 산업 평균 수익률(1980~2008)

50명 미만으로 줄어들고 스티브 잡스의 관대함으로 겨우 유지되며 툭하면 파산 위기에 처했던 회사가 이처럼 놀라운 성공을 거둔 것이다.

브레인 트러스트

이러한 지속적인 성공은 영화 산업에서 전례 없는 일이다. 윌리엄 와일러William Wyler나 스티븐 스필버그Stephen Spielberg 같은 몇몇 감독과 〈인디아나 존스〉나 〈록키〉 같은 몇몇 프랜차이즈 시리즈 영화가 여러 차례 대단한 상업적 성공을 거두긴 했으나 픽사처럼 여러 감독과 팀이 오랜 기간 깨지지 않는 기록을 세운 경우는 없었다.

어느 의미로 보나 이보다 더 전략적인 성과는 없을 것이다. 2006년 디즈니가 74억 달러에 픽사를 인수하면서 픽사의 탁월한 성과와 시가총액은 주주가치로 실현되었다. 스티브 잡스가 보유한 순자산의 대부분은 애플이 아닌 픽사 인수 거래에서 얻은 소득이었다. 픽사는 의심할 여지 없이 특정한 파워를 행사하고 있었다.

그렇다면 픽사가 보유한 것은 어떤 유형의 파워인가? 픽사는 내가 지금까지 설명한 파워 유형과 전혀 맞지 않는다. 영화는 공동의 창의적인 노력이 필요한 산업이며, 따라서 파워를 나타내는, 예측할 수 있는 거듭된 성공과 대체로 무관하다. 하지만 픽사는 어떤 X 요인 덕분에 희박한 확률을 깨고 성공을 이어갈 수 있었다. 이 숨은 요인을 알아내기 위해서는 픽사의 배경을 살펴보아야 한다.

1983년 이혼 후 위자료 지급으로 재정적 압박을 받고 있던 조지 루카스George Lucas는 1986년 2월, 루카스필름Lucasfilm의 컴퓨터 그래픽 부문을 스티브 잡스에게 500만 달러에 매각했다. 새롭게 독립한 이 회사는 픽사컴퓨터그룹Pixar Computer Group으로 이름을 변경하고 세 명의 뛰어난 인물을 한 지붕 아래로 모았다.

- 존 래시터: 애니메이션 천재. 애니메이션에 CGI Computer Generated Imagery(컴퓨터 생성 이미지) 도입을 끊임없이 주장하다가 2년 전 디즈니에서 해고되었다.
- 에드윈 캐트멀Edwin Catmull: 지적이고 자신감 넘치는 CGI 분야의 선구자. 훌륭한 인간성을 바탕으로 실력 있는 창작자를 관리하는 데 탁월한 능력을 보여주었다.
- 스티브 잡스: 괴짜 기질의 뛰어난 기업가. 2년 전 존 스컬리John Sculley와의 세력 다툼에서 밀려 애플에서 쫓겨나고 넥스트컴퓨터Next Computer를 설립해 고군분투하고 있었다.

훌륭한 기업은 보통 천재적인 창업가 한 명을 얻는 행운으로 성장하지만 픽사에는 세 명의 천재가 있었다. 잡스는 이사회 의장과 대주주가 되었고, 캐트멀은 사장을, 래시터는 애니메이션 본부장을 맡았다. 이들 중 어느 한 사람이라도 없었다면 픽사 이야기는 해피엔딩이 되지 못했을 것이다.

물론 셋으로 나뉜 리더십은 아무리 좋아도 나름의 어려움이 있다. 하지만 픽사에서는 세 명의 리더십이 효과적으로 작동했다. 픽사의 애니메이션 감독 피트 닥터Pete Docter는 이렇게 말했다.

"역할과 권한이 명확하게 정의되어 있었습니다. 래시터는 창작을, 캐트 멀은 기술을, 잡스는 경영과 재무를 맡았죠. 최종 결정을 내리는 잡스뿐만 아니라 서로에 대해 절대적인 신뢰가 있었습니다."[58]

그러나 세 사람의 헌신과 노력에도 불구하고 사업 초기 픽사는 자금 부족으로 어려움을 겪었고 잡스의 사재를 쏟아부으며 살아남기 위해 고심했다. 처음에는 전문 하드웨어 판매에 주력했으나 그것은 어디까지나 생존을 위한 전술이었다. 그들은 다른 한편으로 캘리포니아 예술 대학 출신의 앤드루 스탠턴Andrew Stanton과 피트 닥터를 영입하며 애니메이션 사업부를 강화했다.

심각한 부진으로 하드웨어 사업의 열망이 좌절된 후, 1991년 픽사에 새로운 기회가 찾아왔다. 픽사의 이미지 컴퓨터를 구매했던 디즈니와 세 편의 애니메이션을 제작하기로 계약한 것이다. 이를 가능하게 만든 것은 바로 잡스의 '현실 왜곡장'*이었다. 파산 직전에 놓여 있던 보잘것없는 기업가가 영화 제작 파트너로 월트디즈니라는 대어를 낚은 것이다.

---

* reality distortion field, 미국의 SF 드라마 〈스타트렉〉에서 외계인이 정신력을 이용해 새로운 세계를 창조하는 것을 뜻하는 용어였으나, 스티브 잡스가 일하는 방식을 그의 동료들이 여기에 빗대어 표현하면서, 뛰어난 카리스마와 설득력으로 불가능한 일을 실현시키는 리더십을 뜻하게 되었다.

〈토이 스토리〉의 구상과 탄생은 롤러코스터를 오르내리는 〈폴린의 모험〉* 그 자체였다. 시작 단계부터 실패를 거듭했고, 수많은 갈등 속에서 죽기 살기로 매달리며 마감 기한을 향해 달렸다. 조직 내 정치적인 문제와 통찰의 순간이 이어졌고, 야근이 일상이 되었다. 영화 제작팀은 전쟁에 나갔다 돌아온 해병대 전우처럼 서로에 대한 신뢰와 존경, 이해로 가득한 깊고 탄탄한 유대를 구축했다. 그리고 뒤이어 제작한 두 편의 영화는 그들의 유대를 더욱 확장하고 강화했다.

이러한 〈밴드 오브 브라더스〉**는 향후 브레인 트러스트Brain Trust로 알려진 창의적인 핵심 그룹을 형성했고, 이들은 픽사의 지속적인 성공에 중요한 역할을 담당했다. 이 핵심 그룹이 바로 픽사의 파워를 이루는 X 요인이다.

독점자원:
이득과 장벽

경제학에서는 이러한 파워 유형을 독점자원이라고 부른다. 재능 있고 수많은 경험으로 다져진 응집력 강한 베테랑 그룹의 활약은 픽사만이 가지고 있는 자원이었다. 이를 7파워 프레임워크로 살펴보자.

---

* Perils of Pauline, 1914년에 상영된 연작 영화로 주인공이 수많은 위기를 넘기며 아슬아슬한 모험을 이어가는 내용이다.
** Band of Brothers, 제2차 세계대전을 배경으로 치열한 전투와 전우애를 그린 미국 인기 드라마.

- **이득.** 픽사의 독점자원은 사람들의 마음을 사로잡는 보기 드문 제품을 만들어냈고, 그 '탁월한 결과물'은 아주 매력적인 가격/수량 조합으로 수요를 이끌어내 막대한 박스오피스 수익을 창출했다. 이는 의심할 여지없이 중요한 요소였다(전략의 본질에 대한 기본 방정식에서 $\overline{m}$, 장기 순이익률을 크게 만든다). 하지만 다른 사례에서 독점자원은 다양한 형태로 고유한 이득을 제공할 수 있다. 예를 들어, 블록버스터 의약품[***]의 특허처럼 귀중한 특허에 대한 차별적 접근, 시멘트 생산 업체의 인근 석회암 광산 소유권 같은 필수 원료, 바슈롬Bausch and Lomb의 소프트 렌즈 생산 기술인 회전주조법처럼 비용을 절감하는 제조 방식 등이 독점자원이 될 수 있다.

- **장벽.** 독점자원의 장벽은 앞서 살펴본 장벽들과 전혀 다르다. 여기서 우리는 '픽사에서 어떻게 브레인 트러스트를 유지하는가?'라는 의문이 생긴다. 다른 애니메이션 영화사에서 핵심 그룹의 구성원들을 매우 탐냈을 것이다. 그러나 이 기간 동안 그들은 픽사에 계속 머물렀고 앞으로도 분명 그럴 것이다. 심지어 험난했던 사업 초기에도 그들에게는 단순한 금전적 계산을 넘어선 충성심이 있었다. 한 예로, 디즈니가 픽사와 제휴하기 훨씬 전인 1988년, 래시터가 〈틴 토이Tin Toy〉라는 단편 애니메이션으로 아카데미상을 받자 디즈니의 CEO 마이클 아이스너Michael Eisner와 회장 제프리 캐천버그Jeffrey Katzenberg는 전 직원

[***] blockbuster drug, 년 10억 달러 이상의 매출을 올리는 의약품.

이었던 래시터를 다시 채용하려 했다. 그러나 래시터는 이렇게 말하며 제안을 거절했다. "디즈니에 가면 감독이 될 수 있지만 픽사에 남으면 역사를 만들 수 있습니다."[59] 따라서 픽사의 경우 장벽은 개인의 선택이었다. 회전주조법 기술의 경우 특허법이, 시멘트 원료의 경우 재산권이 장벽으로 작용한다. 이러한 유형의 장벽을 '준칙fiat'이라고 한다. 지속적인 상호 작용이 아닌 법률에 의한 결정이나 개인의 결정을 바탕으로 장벽이 형성되기 때문이다. 1991년, 캐천버그가 픽사와 세 편의 영화 제작 계약을 체결하는 데 확신을 준 것은 바로 픽사에 대한 래시터의 헌신이었다. 마찬가지로, 마이클 아이스너 이후 디즈니 CEO가 된 밥 아이거Bob Iger는 디즈니의 침체된 애니메이션 사업부에 픽사의 인재들을 영입할 수 있는 방법이 합병뿐임을 깨닫고 나서야 픽사를 합병하기로 결심했다. 이후 디즈니 애니메이션의 부활은 그의 결정이 현명했음을 보여주었다.

이러한 이해를 바탕으로 이제 독점자원을 7파워 차트에 나타낼 수 있다.

독점자원의 정의:

독립적으로 가치를 향상시킬 수 있으며 누구나 탐내는 자산에

매력적인 조건으로 먼저 접근할 수 있는 기회.

그림 6.4: 7파워 중 독점자원

독점자원에 대한
다섯 가지 테스트

파워는 높은 기준을 충족해야 한다. 파워가 되기 위해서는 지속적으로 차별적 마진($\overline{m} \gg 0$)을 이끌어낼 수 있을 만큼 강력한 특성을 갖추어야 하며, 가능성과 실제 사이의 간극을 메워줄 탁월한 운영이 겸비되어야 한다. 픽사 같은 기업의 경우 성공에 중요한 자원들이 매우 많으며, 따라서 다양한 요인을 정리해 파워의 원천을 구분하는 것은 몹시 어려운 일이다. 나는 이러한 과정에서 독점자원을 확인하는 데 도움이 되는 다섯 가지 선별 테스트를 수년에 걸쳐 알아냈다.

1. **특이성**Idiosyncratic. 어떤 기업에서 누구나 탐내는 자산을 매력적인 조건으로 반복해서 얻는다면 '어째서 그들은 그렇게 할 수 있는가?'라는 전략적 질문을 던져야 한다. 예를 들어, 누군가 엑슨Exxon에서 가치 있는 탄화수소 자산에 대한 권리를 지속적으로 얻을 수 있었다는 사실을 알았다면 그렇게 할 수 있었던 방법을 이해하는 것이 핵심 사안일 것이다. 엑슨이 더 효과적인 발견 프로세스를 개발할 수 있는 것은 상대적 규모 덕분인가? 만약 그렇다면 그들의 발견 프로세스는 독점자원이므로 파워의 진정한 원천이며, 그들이 획득한 채굴권만을 언급하는 것은 잘못된 분석일 것이다.

   이러한 시각으로 픽사의 브레인 트러스트를 살펴보면 매우 유용한 정보를 얻는다. 특히 브레인 트러스트의 한 가지 두드러진 측면을 발견하게 되는데, 그것은 바로 브레인 트러스트가 몇 명의 특정 그룹으로 제한된다는 점이다. 이는 픽사의 초기 영화 11편을 만든 감독들이 모두 이 그룹의 일원이라는 점을 생각하면 분명히 드러난다(브래드 버드 Brad Bird 제외, 다음에서 논의함).

   게다가 픽사의 기록은 신임 감독이 단지 이 그룹에 합류하는 것으로 '브레인 트러스트 프로세스'를 얻는 것은 아니라는 점을 보여준다. 〈토

영화	연도	감독	오리지널 토이 스토리 팀?
토이 스토리	1995	존 래시터	
벅스 라이프	1998	존 래시터	
토이 스토리2	1999	존 래시터	
몬스터 주식회사	2001	피트 닥터	
니모를 찾아서	2003	앤드루 스탠턴	
인크레더블	2004	브래드 버드	
카	2006	존 래시터	
라따뚜이	2007	브래드 버드	
월-E	2008	앤드루 스탠턴	
업	2009	피트 닥터	
토이 스토리3	2010	리 언크리치 Lee Unkrich	

그림 6.5: 픽사 초기 영화의 감독들

이 스토리2〉의 애시 브래넌Ash Brannon과 콜린 브래디Colin Brady, 〈라따뚜이〉의 얀 핀카바Jan Pinkava, 〈메리다와 마법의 숲〉의 브렌다 채프먼Brenda Chapman 등 교체된 감독들의 사례에서 알 수 있듯이 픽사에 새롭게 합류한 감독들은 실패하는 경우가 많았다.

나는 브레인 트러스트가 단순한 개별 인재의 조합이 아니라 하나씩 성공을 만들어낸 초창기 주요 멤버들의 공유 경험이라고 생각한다. 만약 픽사에 합류한 신임 감독들이 픽사 수준의 상업적 예술적 성공을 털싱했다면 우리는 브레인 트러스트가 아닌 더 근본적인 다른 요인에서 파워가 생겨났다고 판단할 수 있을 것이다. 이러한 평가를 바탕으로 나는 감독 풀을 새로운 인물로 채우는 것이 픽사의 가장 중요한 전략적 도전이라고 생각하게 되었다. 픽사에 대해 잘 알고 있는 사람이라면 아마 브래드 버드에 대해 물을 것이다. 그는 픽사의 최대 성공작 가운데 몇 편을 지휘한 감독으로, 픽사에 합류하기 전에 브레인 트러스트 밖에서 구상한 시나리오를 바탕으로 〈인크레더블〉을 연출했고 이후 〈라따뚜이〉의 교체 감독으로 투입되었다. 그렇다면 브래드 버드는 앞에서 언급한 검증되지 않은 '외부' 감독의 사례에 해당되지 않는가? 사실 그렇지 않다. 자세히 살펴보면 브래드 버드는 브레인 트러스트가 지닌 고유한 특성에 부합한다. 캘리포니아 예술대학에서 래시터의 동창이자 친구였던 버드는 이미 브레인 트러스트의 여러 핵심 인물과 창의적 사고를 공유하고 있었다. 게다가 그는 픽사에 합류했을 때 〈아이언 자이언트〉 같은 훌륭한 작품으로 입증된 성공한 애니메이션 감독이었다.[60]

2. **아비트리지 불가**Non-arbitraged. 누구나 탐내는 자원을 우선적으로 확보할 수 있지만 이 자원에서 비롯된 초과이윤을 모두 상쇄할 만큼 큰 대가를 치른다면 어떻게 될 것인가? 이 경우 차별적 수익 창출이라는 파워의 조건에 부합하지 않는다. 영화배우를 예로 들어보자. 브래드 피트의 출연은 박스오피스 매출에 대한 전망을 높일 것이다. 따라서 그는 '탐나는' 자원이지만 추가로 창출되는 가치의 대부분을 높은 출연료가 차지하므로 파워의 조건을 충족하지 못한다. 마찬가지로 픽사의

브레인 트러스트는 높은 연봉을 받지만 그들이 창출하는 가치는 그보다 훨씬 크다. 나는 픽사가 상장되었을 때 픽사 주식에 투자했고, 디즈니에 합병되기 전까지 내 투자 인생을 통틀어 매우 높은 수익을 실현했다.

3. **이전 가능성**Transferable. 어떤 자원이 한 기업에서는 가치를 창출하지만 다른 기업에서는 그렇지 못한 경우 그 자원을 파워의 원천으로 구분한다면 운영의 탁월함을 넘어서는 다른 핵심 요소를 간과하게 될 것이다. '탐나는coveted'이라는 단어는 많은 사람이 그 자산을 통해 가치를 창출할 것으로 기대한다는 의미를 담고 있다. 픽사 인수에 앞서 밥 아이거는 디즈니 애니메이션 캐릭터들의 유산이 회사의 핵심을 형성하지만 그 유산을 부활시킬 수 있는 것은 픽사 팀밖에 없다는 것을 깨달았다. 이는 픽사를 인수해 캐트멀과 래시터에게 디즈니 애니메이션을 맡기기로 결정하는 주된 이유가 되었고, 그 결과 디즈니 애니메이션은 화려하게 부활했다. 캐트멀과 래시터가 주요 의사 결정 역할을 맡지 않았다면, 그리고 브레인 트러스트가 함께하지 않았다면 디즈니의 부활은 결코 가능하지 않았을 것이다. 이는 디즈니가 비싼 대가를 지불하고 픽사 팀을 얻은 것이 옳은 일이었음을 보여주었다. 픽사의 자원은 이전 가능했던 것이다.

4. **지속성**Ongoing. 파워를 찾는 과정에서 전략가는 지속적인 차별적 마진을 설명히는 요인을 규명하려 한다. 이를 뒤집어 생각하면, 확인된 요

인이 없어질 경우 차별적 수익이 저하될 것으로 예상할 수 있을 것이다. 이러한 관점은 독점자원을 규명하는 것과 분명 관계가 있다. 파워를 개발하는 데 영향을 미친 것으로 입증되었지만 이후 비즈니스의 한 부분으로 뿌리내리게 된 많은 요인이 있을 것이다.

예를 들어, 포스트잇이 3M에 높은 수익을 가져다주는 제품으로 등장한 것은 스펜서 실버Spenser Silver 박사가 끈적이지 않는 접착제의 상업적 활용 방안을 끈기 있게 고민했기 때문이다. 포스트잇이 제품으로 개발되자 회사의 차별적 수익은 실버 박사와 그가 개발한 접착제가 아닌 (적어도 어느 정도는) 다른 독점자원에 바탕을 두게 되었다. 바로 미국 특허 3,691,140호와 5,194,299호, 그리고 포스트잇 상표였다. 픽사의 스티브 잡스 역시 이와 비슷한 사례다. 잡스는 픽사가 지배적인 위치로 성장하는 데 필수적인 인물이었다(그를 단지 인내심 많은 자금줄로 여기는 것은 그의 기여를 완전히 과소평가하는 것이다). 하지만 픽사가 발전함에 따라 그의 중요도는 낮아졌고, 마침내 그의 가치가 회사에 뿌리내림으로써 차별적 수익을 창출하는 데 그의 존재가 더 이상 필요하지 않게 되었다. 반면 브레인 트러스트는 픽사의 성공을 뒷받침하는 힘으로 지속되었다.

5. **충분성**Sufficient. 독점자원을 선별하는 마지막 테스트는 완결성과 관련된다. 탁월한 운영이 갖추어졌다고 전제할 때, 어떤 자원이 파워의 조건을 충족하기 위해서는 지속적으로 차별적 수익을 창출하기에 충분

해야 한다.

내가 지켜본 바에 따르면 많은 사람이 특정 리더십을 독점자원으로 착각하는 경우가 많다. 하지만 실제로 특정 리더십은 이 충분성 조건을 만족하지 못한다. 예를 들어, 나는 조지 피셔George Fisher의 능력을 높이 평가한다. 그는 모토롤라Motorola를 훌륭히 이끌었다. 그가 코닥 회장에 취임했을 때, 사람들은 그의 존재가 코닥의 부활로 이어질 것이라고 기대했다. 그를 독점자원으로 여겼던 것이다. 내가 볼 때, 그 후 이어진 힘겨운 시기는 그의 잘못이 아니었다. 그것은 반도체 시대에 화학 필름에 주력함으로써 야기된 가망 없는 막다른 골목을 나타내는 징후였을 뿐이다. 하지만 이러한 어려움은 하나의 통찰을 제공한다. 바로 피셔는 독점자원이 아니었고, 모토롤라의 성공은 피셔의 재능과 함께 코닥에 존재하지 않았던 다른 보완 요인들이 더해진 결과였다는 점이다.

다시 말해, 독점자원은 차별적 수익 창출의 가능성을 가져오는 충분조건이다. 현재까지의 증거를 바탕으로 볼 때 나는 캐트멀이나 래시터 같은 개별 구성원이 아닌 하나의 집단으로서 브레인 트러스트가 픽사의 독점자원이라고 생각한다. 반면 래시터와 캐트멀의 조합을 진정한 독점자원으로 보고 브레인 트러스트의 다른 구성원은 단지 각자의 기술을 발휘하는 것뿐이라고 보는 사람도 있을 것이다. 래시터와 캐트멀의 리더십 아래서 디즈니 애니메이션이 부활한 것을 그 증거로 볼 수

도 있다. 하지만 픽사에 새로 합류한 감독들의 실패는 이러한 견해가
잘못되었음을 나타낸다.

	산업 경제구조	경쟁 지위
규모의 경제	규모의 경제 강도	상대적 규모
네트워크 경제	네트워크 효과의 강도	사용자 기반의 절대 차이
카운터 포지셔닝	신규 비즈니스 모델의 우월성 + 기존 비즈니스의 부수적 피해	이원화: 신규 기업−신모델 기존 기업−구모델
전환 비용	전환 비용의 규모(강도)	현재 고객 수
브랜딩	브랜딩 효과의 지속성과 잠재적 중요도	브랜드 투자의 지속기간
독점자원	독점자원으로 인해 가격과 비용 모두, 또는 가격이나 비용 증가	초과 이윤을 상쇄하지 않는 가격으로 독점자원에 우선적으로 접근

그림 6.6: 파워의 강도 결정 요인

부록 6.1:
자원 기반 관점

자원의 개념은 이 장에서 논의한 것보다 훨씬 넓고 포괄적이다. 전략학의 주요 학파인 자원 기반 관점Resource Based View; RBV에서는 자원에 중점을 둔다. 나는 RBV의 훌륭한 학문으로부터 많은 도움을 얻었고 RBV의 선구자 가운데 한 명인 리처드 넬슨Richard R. Nelson 교수의 지도 아래서 공부하는 특권을 누렸다.

비즈니스에는 제품과 서비스뿐만 아니라 효율적인 생산을 가능하게 만드는 능력 또한 포함된다. 그러한 능력에는 현재의 산출물에 특화된 즉각적인 능력과 기업의 경쟁력 범위를 제한하는 상위 수준의 능력이 있다. 또한 시간이 지남에 따라 상위 수준의 능력이 변화되는 방식을 형성하는 더 높은 영역의 단계도 있다. 핵심 역량core competency, 차별적 역량distinctive competency, 루틴routine, 역량capability, 동적 역량dynamic capability 같은 개념이 모두 여기에 포함된다.

나는 이 장에서 다룬 자원의 개념을 의도적으로 제한했다. 그 이유는 첫째, 파워의 조건에 부합하는 자원만 살펴봄으로써 주제의 범위를 좁히기 위해서다. 앞서 언급한 다섯 가지 테스트는 실무자가 주목할 만하지만 전략적이지 않은 자원을 제거하는 데 도움을 주고자 제시되었다.

둘째, 이 책의 제1부는 정역학에 국한하여 파워를 다루기 때문이다. RBV는 동역학을 더욱 비중 있게 다룬다. 제2부 동역학에서는 발명이 파워를 발생시키는 첫 번째 요인임을 살펴볼 것이다. 발명을 일으키는 내생 요인을 탐구하는 과정에서 RBV에서 사용되는 넓은 의미의 자원 개념이 더욱 두드러지게 나타날 것이다.

부록 6.2:
독점자원에서 선두기업 잉여 마진 도출

파워의 강도를 계산하기 위해 다음 질문을 생각해보자. "파워가 없는 기업(W)이 전혀 수익을 내지 못하는 가격 수준에서 파워를 가진 기업(S)의 수익성을 결정하는 요인은 무엇인가?"

S기업이 소유한 독점자원이 우월한 상품을 만들어 낸다고 가정하자. 이는 지속적으로 흥미로운 영화를 만드는 픽사의 사례와 일치한다.

또 S기업이 이러한 자원 Δ로부터 단위당 이익 증가를 달성했다고 가정하자. 이는 우월한 상품 이나 비용 감소로 인한 가격 인상에서 비롯될 수 있을 것이다. (픽사의 경우, 우월한 상품은 더 높은 매출, 즉 더 많은 관객을 얻는 것에 중점을 둔다. 이는 평균적인 매출만 달성되는 가격일 때 발생하는 Δ로 생각할 수 있다.)

논의를 단순화하기 위해 고정비는 없다고 가정하자.

이익 $\equiv \pi = [P - c + \Delta]\, Q$

$\qquad P \equiv$ 가격

$\qquad c \equiv$ 단위당 변동비

$\qquad Q \equiv$ 기간당 생산량

또한 독점자원의 한계비용이 연간 고정 금액 k라고 가정하자. 픽사의 경우 이는 핵심 그룹에 추가로 지급되는 연간 보수일 것이며, 비슷한 훈련을 받은 개인들이 핵심 그룹을 대체하기 위해 고용되는 경우 지급될 금액보다 **더 높을** 것이다.

따라서 S기업의 이익 $\equiv {}_s\pi = [{}_wP + \Delta - c]\ {}_sQ - k$

선두기업 잉여 마진을 계산하기 위해 다음을 평가한다.

P가 W기업의 수익이 0이 되는 가격일 때 S기업의 마진을 결정하는 요인은 무엇인가?

$${}_w\pi = 0 \Rightarrow \quad 0 = ({}_wP - c)\ {}_sQ \Rightarrow {}_wP = c$$

S기업은 독점자원 Δ로부터 추가적인 이익을 얻는다.

또한 S기업은 추가적인 고정비 k가 발생한다(k가 플러스일 필요는 없다).

따라서 ${}_s\pi = [(\Delta + {}_wP) - c]\ {}_sQ - k$ ${}_wP = c$로 대체하고

${}_s\pi = \Delta\ {}_sQ - k$ 이를 매출 $[(\Delta + {}_wP)^*{}_sQ]$로 나누면 마진이 된다.

따라서 ${}_s$마진 $= \Delta\ {}_sQ/(\Delta + {}_wP)^*{}_sQ - k/(\Delta + {}_wP)^*{}_sQ$

$$\boxed{\text{SLM} = \Delta/(\Delta + {}_wP) - k/(\Delta + {}_wP)^*{}_sQ}$$

= [독점자원으로 인한 마진 증가] - [매출액당 독점자원 비용]

산업 경제구조: Δ, k

경쟁 지위: 명령에 의한 독점자원 지배 여부

7장

프로세스 파워

한 걸음
한 걸음

지금까지 7파워 중 여섯 가지를 다루었다. 이제 마지막 유형인 프로세스 파워를 살펴봄으로써 우리의 여정을 완료할 것이다. 프로세스 파워를 마지막에 둔 것은 드물게 나타나는 유형이기 때문이다. 토요타 자동차의 사례를 통해 프로세스 파워를 알아보자.

1969년 내가 대학을 졸업할 무렵, 버몬트주에서 자동차를 판매하는 친한 친구이자 동료 한 명이 뉴잉글랜드 북부의 우리 지역에서 토요타 대리점 권리를 취득했다. 당시 그것은 위험한 행동으로 보였으나 그는 급격히 부상하는 뛰어난 회사에 투자하는 것으로 여겼다. 토요타가 새롭게 내놓은 박스 형태의 코롤라Corolla는 우리 또래 구매자들의 관심과 애정을 불러일으켰던 퍼포먼스 칩*이 없었다. 대신 내 친구들에게

---

* performance chips, 자동차 엔진 성능 향상을 위해 튜닝에 사용되는 칩.

깊은 인상을 준 것은 자동차의 순전한 품질이었다. 코롤라는 디트로이트의 세계적인 거대 자동차 회사들이 내놓는 것과 전혀 다른 높은 품질을 자랑했던 것이다.

당시 토요타는 미국 자동차 시장에서 존재감이 거의 없었다. 제너럴모터스가 48.5퍼센트라는 놀라운 시장점유율을 가진 데 반해 토요타의 사장점유율은 0.1퍼센트에 불과했다. 그럼에도 불구하고 내 친구의 투자는 선견지명이 있었다. 토요타의 미약한 존재가 더 근본적인 현실을 가리고 있었기 때문이다. 토요타는 토요타 생산 시스템Toyota Production System; TPS이라는 경쟁력 있는 자산을 이미 20년가량 끈질기게 연마해오고 있었다.

1950년, 당시 토요타 자동차의 상무였던 도요다 에이지Eiji Toyoda는 미시간주 디어본에서 3개월을 보내며 "세계 최대 규모의 통합 공장"[61]인 포드 리버루지 공장의 생산 방식을 배웠다. 앞서 1929년 포드 공장을 방문했을 때, 그는 포드의 제조 혁신에서 깊은 감명을 받았다. 하지만 1950년 방문에서 그의 반응은 그때와 정반대였다. 포드 공장은 불규칙한 생산에 대응하기 위해 많은 재고를 보유했으나 이는 도요다 에이지에게 낭비로 보였다. 오히려 그에게는 도시 주변의 슈퍼마켓이 더 인상적이었다. 진열대가 비었을 때에만 물건을 채우는 슈퍼마켓의 시스템은 그가 수년간 전쟁으로 물자 부족을 겪으며 갖게 된 극도의 절약 정신과 부합했다. 그는 자신이 포드보다 잘 할 수 있다고 생각했고, 작업에 착수했다.[62]

우수한 자동차 생산 프로세스를 개발하는 것은 쓸모없는 일이 아니었다. 자동차 산업에서 단순함의 상징으로 여겨지는 포드의 모델 T조차 조립 절차가 7882단계에 달했다.[63] 게다가 조립은 전체 퍼즐의 한 조각에 불과했다. 방대한 공급망이 뒤로 뻗어 있었고, 조립 이후 단계에 놓인 지리적으로 분산된 대리점 유통 시스템은 공급망의 복잡성을 그대로 안고 있었다.

그러나 품질과 효율성에 대한 추구는 1890년 도요다 사키치Sakichi Toyoda의 목재 수동직기 발명으로 거슬러 올라갈 정도로 토요타에 깊이 뿌리내린 정신이었다. 1950년 포드 방문을 계기로 토요타는 향후 TPS라고 불리는 생산 시스템을 차근차근 발전시켰다. 그 결과 토요타 자동차의 탁월한 품질과 내구성이 고객을 만나게 되었다. 당시 대다수의 고객은 쉽게 망가지는 미국 자동차와 고의적 진부화*(GM의 앨프리드 슬론Alfred Sloan이 말한 '역동적 진부화dynamic obsolescence')라는 개념[64]에 바탕을 둔 디트로이트의 사고방식에 지칠 대로 지쳐 있었다. 그리고 그 결과는 다음 도표에서 나타나듯 매우 놀라웠다.

2014년 무렵, 미국 자동차 시장에서 난데없이 토요타가 GM 및 포드와 거의 어깨를 나란히 하게 되었다. 같은 기간 동안 GM은 미국 시장의 점유율이 50퍼센트에서 20퍼센트 아래로 곤두박질치며 무너졌다. 세계 시장에서 토요타의 점유율은 이보다 더 놀라운 성과를 기록

---

* planned obsolescence, 기업에서 기존 제품을 고의로 진부하게 만들어 제품 수명이 다하기 전에 소비자가 새로운 제품을 사도록 유도하는 전략으로, 역동적 진부화, 스타일 진부화, 진보적 진부화, 인위적 진부화 등 다양한 이름으로 불리며 자동차 산업에서 여러 산업으로 파급되었나.

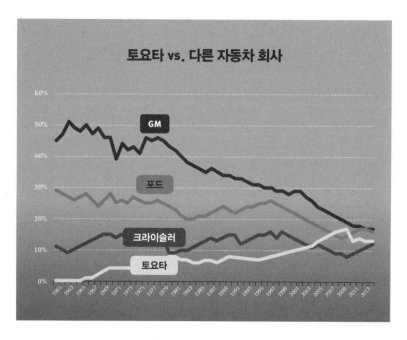

그림 7.1: 미국 자동차 시장점유율[65]

했다.

수십 년에 걸친 이러한 변화의 지속성은 그 규모만큼이나 주목할 만하다. 변화의 조짐은 1980년경부터 이미 나타나고 있었다. 토요타는 점차 점유율을 높여간 반면 GM은 쇠퇴일로를 걸었던 것이다. 1960년 대만 해도 GM은 세계 최고의 기업 중 하나로 여겨졌으나 천천히 무너지기 시작하면서 경쟁 기업의 운영 방식을 따라 해야 할지 고민하는 처지가 되었다. 결국 1984년, GM은 토요타와 합작하여 캘리포니아주 프리몬트에 누미NUMMI 공장을 설립하고 토요타의 생산 기술을 활용해 소형차를 생산하게 되었다. 이곳에서 GM은 토요타를 전문가로 받아들였고 프리몬트 공장의 근로자들은 훈련을 위해 일본으로 파견되었다.

합작 공장이 가동을 시작하면서 누미 자동차의 낮은 불량률이 토요타 일본 공장의 수준에 빠르게 가까워졌다. GM은 이러한 노력을 통해 얻은 교훈이 전 세계 수많은 GM 공장에 순조롭게 확산될 것으로 크게 기대했다.

하지만 현실은 기대와 달랐다. 토요타가 누미 운영의 모든 것을 투명하게 공개했음에도 GM은 자사 공장에서 누미의 결과를 그대로 얻을 수 없었다. 단지 기술 부족의 문제가 아니었다. 〈하버드 비즈니스 리뷰Harvard Business Review〉에 언급되었듯이 GM뿐만 아니라 많은 기업이 TPS를 모방할 수 없었다.

"특이한 것은 토요타가 이례적으로 자사의 운영 방식을 공개했음에도 불구하고 이를 성공적으로 모방할 수 있는 기업이 거의 없다는 점이다. 수천 개 기업, 수십만 명의 경영자가 일본과 미국의 토요타 공장을 견학했다."[66]

누미의 운영 방식을 이전하는 데 실패하면서 앞서 살펴본 흐름이 계속 이어졌다. 누미의 성공에도 불구하고 GM의 멈출 수 없는 쇠퇴가 수십 년 동안 지속되었던 것이다.

여기에는 어떤 근본적인 문제가 있었는가? GM은 의욕에 가득 차 있었고, 누미에 사원을 투입할 의지와 능력이 있었으며, 필요한 지식을 습득하기에 좋은 위치에 있는 것으로 보였다.

그러나 문제는 TPS가 보이는 것과 다르다는 점이다. 표면적으로 볼 때, TPS는 적시 생산just-in-time, 카이젠kaizen(지속적인 개선), 칸반kan-ban(재고 관리), 안돈 코드andon cord(문제 발생 시 작업자가 생산 라인을 중단시킬 수 있게 하는 장치)같이 매우 간단한 여러 연동 절차로 이루어진다. 이러한 절차들을 살펴보며 GM의 직원들은 TPS를 모방하고 복제할 수 있을 것이라고 당연하게 생각했다.

그러나 캘리포니아주 밴나이즈 공장의 관리자 어니 셰퍼Ernie Schaefer가 실망하며 말했듯이 이러한 생산 기법은 더 깊고 복잡한 시스템을 나타낼 뿐이었다.

"누미 공장에 들어가면 무엇이 다릅니까? 당신은 여러 가지 다른 점들을 볼 수 있습니다. 하지만 한 가지 볼 수 없는 것은 바로 누미 공장을 뒷받침하는 시스템입니다. 나는 이 시스템의 중요한 특성을 당시 아무도 이해하지 못했다고 생각합니다. 당신도 알다시피 그들은 우리가 공장을 자세히 둘러보고 파악하는 것을 방해하지 않았습니다. 핵심 직원들에게 질문하는 것도 전혀 막지 않았죠. 나는 그들이 어째서 그랬는지 혼란스러웠습니다. 나는 우리가 온통 잘못된 질문만 하고 있다는 것을 그들이 알았다고 생각합니다. 우리는 더 큰 그림을 이해하지 못했어요. 우리의 질문은 작업장과 조립 공장, 생산 라인에서 어떤 일이 일어나는지에만 집중되었습니다. 그것은 진정한 문제가 아닙니다. 문제는 조직에 필요한 다른 모든 기능을 종합하여 어떻게 그 시스템을 지원하는가입니다."[67]

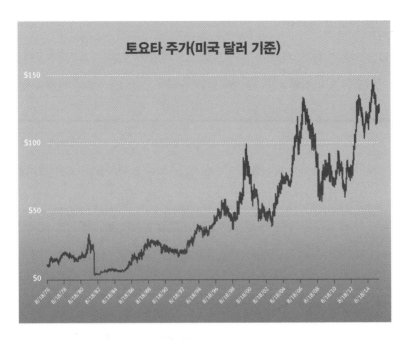

그림 7.2: **토요타 주가(미국 달러 기준)**[68]

　따라서 최선의 의도와 수백만 달러의 투자에도 불구하고 토요타 같은 성과를 달성하는 것은 GM으로서 이루기 힘든 중기 목표임이 드러났다. 분명 거기에는 일종의 장벽이 존재했다. 이것을 비용 효율성과 극적인 품질 개선이라는 두 가지 이득과 종합해보면 결론은 단 하나로 귀결된다. 바로 토요타가 찾기 어려운 파워의 원천을 활용했다는 것이다. 토요타의 주가는 그림 7.2의 그래프와 같이 몇십 년 동안 상승을 이어갔고 그 결과 기업 가치는 2000억 달러에 이르렀다. 그렇다면 토요타는 어떤 유형의 파워를 행사했는가?

프로세스 파워

TPS는 흔치 않은 파워 유형인 프로세스 파워를 보여준다. 7파워 프레임워크의 일반적인 이득과 장벽을 이용해 프로세스 파워의 특징을 보다 공식적으로 설명해보자.

- **이득.** 프로세스 파워를 보유한 기업은 조직에 내재된 프로세스를 개선한 결과, 제품의 특성을 개선하거나 비용을 절감할 수 있다. 예를 들어, 토요타는 수십 년에 걸쳐 TPS의 품질 향상과 비용 절감을 지속했다. 이러한 자산은 신규 근로자가 입사하고 고령 근로자가 은퇴해도 사라지지 않는다.

- **장벽.** 프로세스 파워의 장벽은 이력현상이다. 프로세스 발전은 복제가 어려우며 오랜 기간에 걸친 지속적이고 점진적인 발전을 통해서만 달성될 수 있다. 이처럼 이득 달성에 내재된 속도 제한은 다음의 두 가지 요인에서 비롯된다.

1. **복잡성.** 앞의 사례로 돌아가보자. 자동차 생산은 생산을 뒷받침하는 물류 체인과 결합되어 막대한 복잡성을 수반한다. 토요타처럼 프로세스 개선이 이들 물류 체인의 많은 부분에 영향을 준다면 프로세스 발전을 빠르게 이루는 것은 불가능까지는 아니라 해도 매우 어려운 일일 것이다.

2. **불투명성.** TPS를 모방하려는 기업들은 오랜 기간의 지속적인 노력에 직면할 수밖에 없다. 이 시스템은 수십 년의 시행착오를 거치며 아래에서 위로 발전되었다. 근본 원칙들은 결코 공식적으로 명문화되지 않았고, 조직의 지식 중 많은 부분이 명시적으로 드러나지 않는 암묵적 지식으로 남아 있었다. 토요타조차 자신들이 그동안 만들어낸 시스템을 완전히 이해하지 못한다고 해도 과언이 아닐 것이다. 일례로, TPS를 토요타에서 공급업체들에 이전할 수 있기까지 꼬박 15년이 걸렸다. 누미 공장을 세운 GM의 경험 또한 이러한 지식이 암묵적임을 의미한다. 토요타는 자신들의 작업 프로세스를 명확히 밝히고자 했으나 완전히 규명할 수는 없었다.

이득/장벽 조합을 바탕으로 프로세스 파워를 7파워 차트에 나타낼 수 있다.

그림 7.3: 7파워 중 프로세스 파워

프로세스 파워의 정의:

비용을 낮추거나 우수한 제품을 생산할 수 있게 하는,

기업에 내재된 조직과 활동 단위.

이는 장기간에 걸친 노력과 헌신을 통해서만 달성될 수 있다.

프로세스 파워와
전략학

프로세스 파워는 전략학[69]의 발전과 중요한 교차점을 갖고 있다. 그 특징을 확인함으로써 프로세스 파워의 특성과 프로세스 파워가 그토록 드물게 나타나는 이유를 더욱 잘 이해할 수 있다.

전략 vs. 탁월한 운영. 하버드대학의 마이클 포터 교수는 오래전 탁월한 운영은 전략이 아니라는 주장[70]을 내놓으며 상당한 논란을 일으켰다. 하지만 그러한 주장의 근거는 이 책의 '아비트리지 부재No Arbitrage' 가정과 완전히 일치한다. 즉 쉽게 모방될 수 있는 개선은 전략의 본질에 대한 기본 방정식에서 $\bar{m}$이나 s를 증가시키지 않고 장기 균형 값에 두기 때문에 전략이 아닌 것이다.

하지만 잠시 생각해보자. 프로세스 파워를 만들어내는 단계별 개선이 바로 탁월한 운영의 핵심이 아닌가? 그렇다. 하지만 이것은 이득 측면만을 나타내기 때문에 프로세스 파워의 중요한 주의사항을 생각해야 한다. 프로세스 파워가 갖는 이득(점진적인 상향식 개선)은 탁월한 운영의 핵심이며, 매우 흔하게 볼 수 있다. 프로세스 파워의 희소성은 드물게 나타나는 장벽에서 비롯된다. 바로 문제 개선이 오랜 기간 확고하게 이어져왔다는 점이다. GM의 누미 공장 사례에서 볼 수 있듯이 아무리 많은 돈을 투자하고 아무리 열심히 노력한다 해도 개선은 시간에 얽매인 잠재력의 한계에 제한된다.

다시 말해, 프로세스 파워는 탁월한 운영과 이력현상의 합으로 보는 것이 가장 좋은 방법일 것이다. 하지만 이력현상은 매우 드물게 나타나기 때문에 나는 포터 교수의 의견에 전적으로 동의한다.[71]

만약 전략의 본질을 달리 정의한다면('중요한 모든 것'처럼) 탁월한 운영도 전략적일 수 있을 것이다. 그러나 탁월한 운영은 중요하고, 이루기 어려우며, 경영진이 공유할 만한 가치가 있다 해도 경쟁우위를 얻기에는 충분하지 않다. 포터 교수도 여기에 이의를 제기하지 않을 것이다.

경험 곡선. '경험 곡선Experience Curve'이라는 개념은 보스턴컨설팅그룹Boston Consulting Group과 베인앤드컴퍼니에서 전략 프랙티스를 형성하던 시기에 크게 대두되었다. 경험 곡선은 많은 기업에서 비용이 특정 형태의 하향 곡선을 따른다는 경험적 관찰에 기반을 두었다. 즉 누적 생산량이 2배로 증가하면('경험'의 공식적인 의미) 단위당 비용이 이전보다 70~85퍼센트 수준으로 감소('기울기'라고 부름)하는 현상을 말한다.

1990년 〈사이언스Science〉 논문의 데이터[72]에서 도출된 히스토그램이 보여주듯 이것은 순진한 견해가 아니다.

이 자료에서 108개 사례 중 60퍼센트가 70~85퍼센트의 기울기를 나타냈다.

당신은 프로세스 파워가 흔치 않다는 내 주장을 반증하는 것으로 이 데이터를 읽고 싶을 것이다. 아니면 '경험'에 의해 생기는 일반적인 비즈니스 상황이라고 말할지도 모른다. 안타깝게도 이 데이터는 탁월한

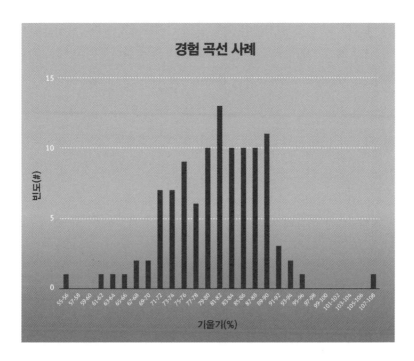

그림 7.4: 경험 곡선 사례

운영에 수반되는 이득의 빈도를 명확히 보여줄 뿐이다. 앞에 제시된 개선은 **시간이 지남에 따라** 얻은 이익만을 나타낸다. 그것은 **어느 한 시점에서** 여러 기업들의 상대적 지위에 대해 아무것도 알려주지 않는 다. 예를 들어, 경험 곡선을 기반으로 보면 규모가 다른 기업 사이에는 **어느 시점에서도** 비용 차이가 없고 모든 기업이 매해 비슷한 이익을 달성할 것이다.[73]

경험 곡선이 보여주는 시간에 따른 이익이 많은 기업에서 공통적으로 나타난다는 내 주장을 명확히 밝히기 위해 간단한 사고 실험을 하나 해보자. 어느 한 시점에서 경험 간의 관계가 모든 기업에 적용된다면 최대 경쟁자보다 2배 큰 규모의 우위를 가진 기업은 15퍼센트에서 30퍼센트의 영업 이익 증가를 유지할 것으로 보통 예상할 것이다. 그러한 엄청난 차이가 매우 드물다는 점은 오히려 역설을 부각시킨다. 즉 경험 곡선이 파워를 뜻하는 것이 아니라 (경쟁 아비트리지가 어디에나 존재한다는) 포터 교수의 요점을 간접적으로 증명하는 것이다.

루틴. 앞서 언급했듯이 나는 대학원에서 리처드 넬슨 교수에게 지도받는 특권을 누렸다. 그는 대담함을 지닌 독창적 사상가이며, 전략의 본질은 그가 중대한 공헌을 한 여러 분야 가운데 하나였다. 그는 시드니 윈터Sydney Winter와 저술한《진화경제이론: 경제변화의 진화적 해석An Evolutionary theory of Economic Change》을 통해 혁신이 목표지향적인 하향식 계획에 의해 추진되기보다는 "제한적으로 합리적인boundedly rational"[74] 대리인들의 적응 반응에 의해 추진된다는 견해를 제시했다. 그러한 점진적 혁신은 소위 '루틴'이라고 말하는 새로운 프로세스에서 흔히 암묵적으로 나타난다. 이러한 견해는 우리가 TPS에서 본 것과 일맥상통한다.

넬슨과 윈터의 책은 앞서 언급한 자원 기반 관점의 토대로 여겨진다. 경제사 분야에는 인과관계를 이해하려면 얼마나 거슬러 올라가야 하는가에 대한 문제를 다루는 '통합 문제colligation problem'[75]라는 개념이 있다. 자원 기반 관점에서는 경쟁우위에서 멈추는 것이 연구를 부적절하게 생략하는 것이라고 본다. 그보다는 애초에 경쟁 지위를 구축할 수 있게 만든 근본적인 요인('자원')을 고려함으로써 더욱 깊은 통찰을 얻을 수 있을 것이라고 여긴다. 잘 알려진 핵심 역량Core Competency[76]이라는 개념은 이러한 견해가 표출된 하나의 결과물이다.

루틴에 대한 넬슨과 윈터의 아이디어는 그러한 연구에 훌륭한 도약대를 제공한다. 하지만 그러한 루틴은 일반적으로 장벽 없는 이득에 해당하며, 따라서 파워를 가져오지 않는다. 그렇다면 자원 기반 관점은 전략의 본질보다 탁월한 운영을 설명하는 데 더 적합한가 하는 의문이 들 수도 있다. 전략의 본질이 갖는 많은 특성이 자원 기반 관점에서 비롯되긴 했으나 전략의 본질은 제2부의 주제인 동역학과 더 큰 관련이 있다. 제2부에서 살펴보겠지만 일반적으로 탁월한 운영은 특정 유형의 파워를 확립하는 데 중요한 영향을 미친다.

이제 일곱 가지 파워 유형을 종합해 제1장에서 시작한 경쟁 지위/산업 경제구조 도표를 마무리하자.

	산업 경제구조	경쟁 지위
규모의 경제	규모의 경제 강도	상대적 규모
네트워크 경제	네트워크 효과의 강도	사용자 기반의 절대 차이
카운터 포지셔닝	신규 비즈니스 모델의 우월성 + 기존 비즈니스의 부수적 피해	이원화: 신규 기업-신모델 기존 기업-구모델
전환 비용	전환 비용의 규모(강도)	현재 고객 수
브랜딩	브랜딩 효과의 지속성과 잠재적 중요도	브랜드 투자의 지속기간
독점자원	독점자원으로 인해 가격과 비용 모두, 또는 가격이나 비용 증가	초과 이윤을 상쇄하지 않는 가격으로 독점자원에 우선적으로 접근
프로세스 파워	프로세스 파워 효과의 지속성과 잠재적 중요도	프로세스 파워 발전의 상대적 지속기간

그림 7.5: 파워의 강도 결정 요인

7파워 요약

내 목표는 당신이 비즈니스를 운영해 나아가는 동안 당신을 안내할 전략 나침반을 제공하는 것이다. 나는 서문에서 이러한 역할을 다하기위해 7파워가 '단순하되 지나치게 단순화하지 않는' 높은 기준을 충족해야 할 것이라고 말했다. 그리고 전략의 본질에 대한 기본 방정식을 통해 내 개념을 가치와 명시적으로 연계했다. 이는 우리에게 7파워가지나치게 단순화하지 않은 프레임워크라는 확신을 주었다. 이번 장을끝으로 7파워를 모두 살펴보았다. 나는 여러 사업가와 교류하며 7파워가 전략 나침반이 되기에 충분히 단순하다는 확신을 얻었다. 당신 또한 그렇게 생각할 것이라고 믿는다.

그림 7.6: 7파워

이제 제2부로 넘어가 '일곱 가지 파워 유형이 어떻게 개발되는가?'라는 동역학의 문제를 살펴볼 것이다.

부록 7.1:
프로세스 파워에서 선두기업 잉여 마진 도출

파워의 강도를 계산하기 위해 다음 질문을 생각해보자. "파워가 없는 기업(W)이 전혀 수익을 내지 못하는 가격 수준에서 파워를 가진 기업(S)의 수익성을 결정하는 요인은 무엇인가?"

프로세스 파워의 경우, 모든 비용이 한계비용이며 따라서 도전 기업의 이익을 0으로 만드는 가격이 한계비용과 같다고 가정한다. 프로세스 파워로 인해 선두기업의 비용이 낮은 경우를 살펴보자(프로세스 파워로 인해 높은 가격을 부과할 수도 있으며, 낮은 비용과 높은 가격을 모두 적용할 수도 있다).

$$이익 \equiv \pi = [P - c]\, Q$$

$$P \equiv 가격$$

$$c \equiv 단위당 변동비$$

$$Q \equiv 기간당 생산량$$

선두기업 잉여 마진을 계산하기 위해 다음을 평가한다.

P가 W기업의 수익이 0이 되는 가격일 때 S기업의 마진을 결정하는 요인은 무엇인가?

$$^{W}\pi = 0 \implies \qquad 0 = (P - {}^{W}c)\, {}^{S}Q \qquad \implies P = {}^{W}c$$

다음과 같이 가정하자.

$D(t) \equiv$ t 시점에서 W기업의 비용 배수

$Z \equiv$ 최대 잠재 비용 배수

$F \equiv$ 주기시간 압축 계수

^Wc는 ^Sc의 배수이므로 $^Wc = D(t) * {}^Sc$

$\therefore$ $^S\pi = [P - {}^Sc]\,{}^SQ = [D(t) * {}^Sc - {}^Sc]\,{}^SQ$

$^S\pi = (D(t)-1)\,{}^Sc\,{}^SQ$

^{S}마진$= (D(t)-1)\,{}^Sc\,{}^SQ/(D(t)\,{}^Sc\,{}^SQ) = 1 - 1/D(t)$

즉 $\boxed{\textbf{SLM = 1 − 1/D(t)}}$ 이때 $D(t) = Z/(1 + (Z-1)e^{-Ft})$

산업 경제구조는 레버리지의 잠재 규모와 지속성을 결정하는 함수 $D()$를 규정한다. $D(t)$는 t의 증가함수이며, 이는 프로세스 파워가 높아지기 위해 지속적인 조치가 필요하다는 것을 반영한다. 로지스틱 함수는 시간이 지남에 따라 한계수익이 감소하는 한편 프로세스 파워의 투자가 강화되는 측면을 나타내기 위해 선택되었다. 앞에 명시된 특정 형태의 $D(t)$는 위치 모수를 F와 Z의 함수로 조정하여 t =0일 때 $D(t) = 1$이 된다. F가 커지면 로지스틱 곡선은 가팔라지고 프로세스 파워의 주기시간은 짧아진다. F가 작아지면 로지스틱 곡선은 완만해지고 프로세스 파워의 주기시간은 길어진다.

시간 t는 프로세스 파워 개발에서 W기업 대비 S기업의 경쟁 지위를 나타낸다. t =0에 시작한 경쟁 기업이 t = t에 강한 기업을 따라잡을 수 있는 능력을 좌우하는 것이 시간이기 때문이다. Z와 F(즉 D[t])는 산업

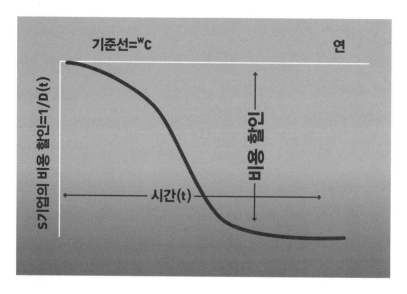

그림 7.7: 시간의 함수로 나타낸 프로세스 파워

지위를 결정한다. 그림 7.7에서 볼 수 있듯이 약한 기업은 더욱 뒤처지고, 따라서 강한 기업을 따라잡는 것이 더 어려워진다. 프로세스 파워를 갖추지 못한 가장 약한 기업의 경우 프로세스의 지속성은 모든 t에서 $D(0)$에 대한 $D(t)$ 함수의 형태에 좌우되며, 다른 경쟁 기업에 대해서는 다른 $D'(t)$ 함수(즉 다른 F')와 다른 t가 적용된다.

2부
전략 동역학

COUNTER-POSITIONING
SCALE ECONOMIES
SWITCHING COSTS
NETWORK ECONOMIES
PROCESS POWER
BRANDING
CORNERED RESOURCE

7 POWERS

카운터 포지셔닝
규모의 경제
전환 비용
네트워크 경제
프로세스 파워
브랜딩
독점자원

8장

파워에 이르는 길

'나도'는 안 된다

우리는 당신이 기업 전략을 유연하게 개발할 수 있도록 하는 먼 여정을 함께 지나왔다. 각 장을 통해 파워 유형을 하나씩 자세히 살펴보았고 7파워의 블록을 차례로 쌓아 올렸다. 이제 당신은 강력한 전략 나침반을 갖고 있다. 이는 모든 지역과 비즈니스에 매력적인 전략적 지위를 모두 포함한다.[77] 하나 이상의 파워 유형을 갖춘다면 경쟁자들이 최선을 다해 노력한다 해도 당신의 사업은 오래 지속되는 현금 제조기가 될 이상적인 위치에 놓일 것이다. 반면 7파워를 하나도 갖추지 못한다면 당신의 사업은 위태로워질 것이다.

하지만 7파워의 기여는 그것으로 끝나지 않는다. 당신에게는 앞으로의 여정을 위한 길잡이, 즉 파워를 창출하기 위한 로드맵이 필요하다. 아마 당신은 의미 있는 일반화를 방해할 정도로 특이한 다양한 경로를 예상할 수 있을 것이다. 그러나 7파워는 복잡하게 읽힌 세부사항을 꿰뚫어 더 깊은 핵심에 도달하게 해준다.

이제 당신은 반드시 파워를 달성해야 하며 그렇지 않으면 사업이 무너진다는 것을 알고 있다. 그렇다면 두 가지 의문이 들 것이다. '파워를 확립하기 위해 **무엇**을 해야 하는가?' 그리고 '**언제** 파워를 확립할 수 있는가?' 제2부에서는 이 질문들의 답을 살펴본다. '무엇'에 대한 질문은 이번 장의 주제이며 '언제'에 대한 질문은 다음 장의 주제다.

우선 넷플릭스의 스트리밍 사업을 예로 시작할 것이다. 그리고 이를 통해 '어떻게'에 대한 질문을 모든 비즈니스로 일반화하여 정리할 것이다. 하지만 먼저 첫 번째 통찰부터 제시하고자 한다. 바로 모든 파워가 발명에서 시작한다는 것이다. 이 개념을 살펴본 다음 발명이 시장 규모(전략의 본질에 대한 기본 방정식을 이루는 또 다른 핵심 요소)를 어떻게 확대하는지 알아보자.

산 넘어 산

2003년 넷플릭스에 투자했을 때, 내 투자 가설은 두 가지였다.

1. 넷플릭스의 DVD 대여 사업은 파워를 갖추고 있었다. 오프라인 방식의 기존 사업자인 블록버스터에 대해서는 카운터 포지셔닝 파워가, DVD 우편 서비스에 진출하려는 다른 사업자들에 대해서는 프로세스 파워와 적당한 공간적 분포에서 비롯되는 규모의 경제가 있었다.
2. 이 파워는 투자 커뮤니티에서 제대로 인식되지 않았다.

넷플릭스가 다른 유사 경쟁자를 수월하게 물리치고, 모든 전략가가 기대할 수 있을 만큼 결정적인 피날레와 함께 블록버스터와의 힘든 싸움에서도 승리를 거두면서(블록버스터에서 2010년 9월 23일 파산 선언) 내 가설은 옳은 것으로 입증되었다. 고공비행을 하던 거대 경쟁자의 극적인 몰락은 내가 가정한 카운터 포지셔닝의 가능성을 증명해주었다.

그러한 승리가 넷플릭스에 오래도록 편안하게 돈을 벌 수 있는 자리를 제공했을 것이라고 기대하는 사람도 있겠지만 적어도 아직은 아니었다. 내 가설에는 두 가지 주의사항이 있었다. 첫째, 나는 DVD 대여가 일시적인 사업이며 인터넷을 통한 디지털 유통으로 대체될 운명이라는 것을 알고 있었다.

이것은 넷플릭스 경영진에게 전혀 새로운 소식이 아니었다. 넷플릭스의 창업자이자 CEO인 리드 헤이스팅스Reed Hastings는 2005년 다음과 같이 밝혔다.

DVD는 당분간 큰 이익을 창출할 것입니다. 넷플릭스는 앞으로 최소 10년은 우위를 점할 수 있습니다. 하지만 인터넷을 통해 영화를 보는 시대가 오고 있으며, 그것은 언젠가 거대한 비즈니스가 될 것입니다. (중략) 우리 회사 이름이 DVD-By-Mail이 아닌 넷플릭스인 것은 바로 이 때문입니다.[78]

두 번째 주의사항 또한 비슷한 경고였다. 넷플릭스는 새로운 시장 상황에서 아직 명확한 파워의 원천을 갖고 있지 않았다. 스트리밍 기술은 쉽게 접근할 수 있었고, 강력한 콘텐츠 소유자들은 자신들의 권리를 이용해 한 푼이라도 더 짜내고자 열을 올렸다. 나는 넷플릭스 경영진 역시 이러한 가정에 동의했을 것이라고 생각한다.

넷플릭스는 이러한 곤경에 어떻게 대응했는가? 그들은 매출의 1~2퍼센트를 스트리밍에 투자하며 조심스럽게 상황을 살폈다.[79] 이는 물론 회사의 명운을 걸 정도는 아니었지만 결코 적은 금액도 아니었다. 이러한 노력은 2007년 1월 16일, 워치 나우Watch Now 기능을 출시하는 결과로 이어졌다. 처음 제공한 작품은 불과 1000여 편으로, 100배에 달했던 DVD 보유량에 비하면 매우 적고 미미한 시작이었으나 그 의미는 여전히 중요했다.

고객들은 긍정적인 반응을 보였고, 이는 사업 확장을 촉진했다. 넷플릭스는 스트리밍 장치에 대한 접근성을 확보하기 위해 하드웨어 공급업체들과 차례로 협상을 이어갔다. 더불어 콘텐츠 확보에도 공을 들여 2008~2009년에 CBS, 디즈니, 스타즈Starz, MTV와 계약을 체결했고, 고객에게 원활한 스트리밍 서비스를 제공하는 데 필요한 백엔드 기술도 끊임없이 개선했다.

2010년, 스트리밍은 넷플릭스의 성장 동력이 되었다. 2011년 초, 〈테크크런치〉는 넷플릭스의 놀라운 구독자 증가세를 그래프로 보여주며 "스트리밍이 넷플릭스의 신규 구독자 증가를 주도하고 있다"[80]라는 머리기사를 내놓았다.

이것은 좋은 소식이었지만 스트리밍 사업에서 명확한 파워의 원천이 없다는 두 번째 주의사항은 여전히 유효했다. 마침내 넷플릭스는

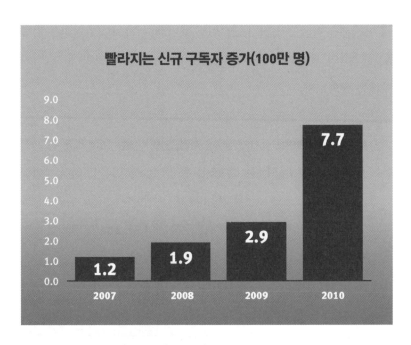

빨라지는 신규 구독자 증가(100만 명)

그림 8.1: 빨라지는 신규 구독자 증가(100만 명)

탁월한 운영은 전략이 아니라는 포터 교수의 불편한 진실과 마주하게
되었다.

　탁월한 운영은 필수적이고, 언제나 어려운 문제이며, 당연히 경영진
의 시간 중 가장 큰 부분을 차지한다. 그러나 안타깝게도 탁월한 운영
만으로는 차별적 마진(전략의 본질에 대한 기본 방정식에서 0보다 큰 $\bar{m}$)
과 안정적인 또는 증가하는 시장점유율(전략의 본질에 대한 기본 방정식
에서 $\bar{s}$)을 보장하지 못한다. 경쟁자들은 탁월한 운영에서 비롯된 개선
사항을 쉽게 모방하여 결국 그 사업의 가치를 상쇄할 수 있다.

　넷플릭스는 스트리밍으로 전환하면서 여러 가지 심각한 운영 문제로 어려움을 겪었고 점진적으로 이를 해결했다. 하지만 그러한 노력들도 지속적인 차별적 수익을 보장하기에는 충분하지 않았다. 몇 가지 사례를 살펴보자.

- **사용자 인터페이스**User Interface; UI **개발.** 넷플릭스는 UI에 매우 큰 관심을 기울였다. 넷플릭스는 데이터를 활용하는 스마트 기업이며, 수없이 많은 A/B 테스트와 수정을 거치며 UI를 개발했다. 그러나 유감스럽게도 블록버스터가 넷플릭스와 우편 주문 대여 사업에서 경쟁하며 보여주었듯이 UI를 따라하는 것은 매우 쉬운 일이다.
- **추천 엔진.** 넷플릭스는 추천 엔진 개발의 세계적인 리더였고, 넷플릭스 프라이즈*를 주최하기도 했다. 이 대회를 통해 기계 학습machine-learning의 해당 분야에서 주목할 만한 통찰이 제시되었다. 여기서 규모의 경제를 가정하는 사람도 있을 것이다. 더 많은 데이터를 축적함에 따라 추천의 정확성이 높아지기 때문이다. 이는 맞는 말이지만 데이터와 추천의 정확성은 선형 관계가 아니며, 이러한 우위는 수익 감소를 가져올 뿐이다. 즉 어느 정도 규모를 확보할 수 있는 소규모 경쟁사에서 동일한 이득의 대부분을 실현할 수 있는 것이다.
- **IT 인프라.** 영상은 막대한 양의 대역폭과 스토리지를 사용한다. 2011년, 넷플릭스는 인터넷 최대 대역폭을 가장 많이 쓰는 사용자가 되었다. 넷플릭스는 IT 기술이 자신들의 핵심 역량이 아니라고 보았고

---

* Netflix Prize, 넷플릭스에서 2006년에 연 영화 추천 알고리즘의 성능 향상 경연대회.

(기술 기업으로서 뜻밖의 견해였을 것이다), 이를 아웃소싱하기로 결정하여(내가 보기에 옳은 결정이었다) 아마존웹서비스의 최대 고객이 되었다. 이를 통해 넷플릭스는 IT 확장에 대한 여러 골칫거리를 덜어내고 가장 잘하는 것에 집중할 수 있었다.

이들 영역에는 끈질긴 노력과 전문성이 필요했지만 이처럼 다양한 문제를 해결하는 것으로는 충분하지 않았다. 장기적으로 다른 업체에서 넷플릭스의 발전을 어느 정도 모방할 수 있었고, 파워의 가능성은 여전히 보이지 않았다.

넷플릭스는 콘텐츠가 문제의 핵심임을 깨달았다. 결국 스트리밍 업체의 핵심 가치는 훌륭한 콘텐츠를 제안하는 것이며, 콘텐츠는 넷플릭스 비용구조의 대부분을 차지하고 있었다. 유감스럽게도 콘텐츠 소유자는 자신들이 허가한 프로그램 편성에 대해 '변동비를 반영한 가격'을 책정하며 넷플릭스에 사용료를 부과할 수 있었다. 이는 규모에 관계없이 콘텐츠 보유자를 넷플릭스와 동등한 위치에 두었고, 따라서 파워 확보의 가능성이 전혀 없었다.

예리한 전략적 통찰을 지닌 콘텐츠 책임자 테드 서랜도스는 독점권 확보로 이 문제를 해결하고자 했다. 얼핏 보기에 독점권은 넷플릭스에 잘못된 선택 같았다. 가격이 높아지면 구독자에게 제공할 콘텐츠가 적어지기 때문이다. 그럼에도 불구하고 2010년 8월 10일, 넷플릭스와 에픽스Epix는 독점 계약에 합의했고, 테드 서랜도스는 다음과 같이 말했다.

"증가하고 있는 우리의 스트리밍 콘텐츠에 에픽스를 추가하여 에픽스의 훌륭한 콘텐츠를 인터넷으로 독점 공급하는 것은 넷플릭스가 웹을 통해 제공되는 엔터테인먼트 분야의 리더로 계속 자리매김할 것임을 나타냅니다."[81]

이러한 조치는 게임의 판도를 뒤집었다. 독점 콘텐츠의 가격이 고정되면서 일부 콘텐츠는 더 이상 변동비를 수반하지 않게 되었다. 그리고 다른 스트리밍 업체를 능가하는 넷플릭스의 실질적인 규모의 우위가 어느 순간 효과를 내기 시작했다.

하지만 콘텐츠 소유자들은 넷플릭스의 성공을 알아차릴 수 있었다. 결국 그들은 더 나은 조건을 제시하는 다른 스트리밍 업체까지 들먹이며 수익의 상당 부분을 요구했다. 실제로 에픽스는 넷플릭스와의 계약을 종료하고 2012년 9월 4일 아마존과 계약을 체결했다.

그러자 넷플릭스는 또다시 서랜도스의 승인 아래 다음 단계로 나아갔다. 바로 오리지널 콘텐츠 제작이었다. 이 과정에서 넷플릭스는 수년 전 오리지널 콘텐츠로 전환하여 강력한 프리미엄 케이블 채널로서 입지를 확고히 한 HBO의 방식을 참고했다. 넷플릭스의 첫 작품은 〈릴리해머Lilyhammer〉였으나 대박을 터뜨린 것은 2011년 3월 16일이었다. 이에 대해 〈데드라인 할리우드Deadline Hollywood〉는 다음과 같이 대대적으로 보도했다.

넷플릭스, 데이빗 핀처, 케빈 스페이시와 '하우스 오브 카드' 시리즈의 초

대형 계약을 체결하며 오리지널 프로그래밍에 뛰어들다.[82]

넷플릭스는 1억 달러를 들여 HBO, CBS, 쇼타임Showtime을 제치고 정치 스릴러 2개 시즌 26편을 확보했다. 이것은 엄청난 도박이었고, 사용자 통계로 볼 때 어느 정도 확신을 가질 수 있었음에도 불구하고 큰 위험이 따르는 투자였다.

그 결과 구독자가 크게 늘어났고, 넷플릭스는 프라임타임 에미 상Primetime Emmy Awards에 9편의 작품이 후보에 오르는 등 수많은 상을 휩쓸었다. 이득 측면의 이러한 승리뿐만 아니라 장벽 측면의 승리를 위한 발판 또한 마련되었다. 오리지널 콘텐츠는 강력한 규모의 경제를 보장하며 콘텐츠 수급 비용을 확실한 고정비로 만들었고, 콘텐츠 소유 자들과의 협상에서 넷플릭스의 지위를 완전히 바꿔놓았다. 리드 헤이 스팅스는 이러한 상황에 대해 다음과 같이 말했다.

"텔레비전 방송사에서 프로그램 판매를 중단한다면 우리도 계획이 있습 니다. 우리는 더 많은 오리지널 콘텐츠를 만들 겁니다."[83]

2015년으로 넘어가보자. 위키피디아 도표에서 볼 수 있듯이 오리지 널 콘텐츠는 넷플릭스 전략의 핵심이 되었다.

이처럼 탄탄한 전략을 통해 창출된 가치는 놀라웠다. 주가는 거의 100배로 치솟았고, 시가총액은 무려 500억 달러에 달했다.

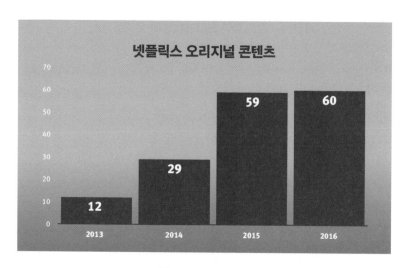

그림 8.2: 넷플릭스 오리지널 콘텐츠[84]

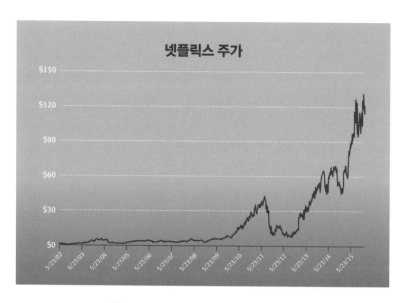

그림 8.3: 넷플릭스 주가[85]

배의 키는
배가 움직일 때에만 제 역할을 한다

헨리 민츠버그Henry Mintzberg 교수는 1987년 논문[86]에서 그러한 프로세스를 설계designing가 아닌 '만들기crafting'로 규정했다. 넷플릭스의 상승세는 위협적인 불확실성에도 불구하고 오랜 기간에 걸쳐 이뤄낸 지적 적응을 보여준다. 이것은 계획자가 아닌 기업가의 영역이다.

앞서 언급한 100배의 주가 상승은 처음에 존재했던 불확실성을 보여주는 신호다. 성공을 거두기 전, 넷플릭스의 가치 잠재력은 투자자들에게 불투명했다. 이는 투자자들이 경솔해서도, 정보가 부족해서도 아니었다. '파워에 이르는 길'이 불분명하고 알 수 없었기 때문이었다. 심지어 이는 넷플릭스 경영진에게도 마찬가지였다.

여기서 동역학의 첫 번째 핵심 사항을 살펴보자. "그곳에 도달하는 것"(동역학)은 "그곳에 있는 것"(정역학)과 전혀 다르다. 이것은 학자뿐만 아니라 실무자에게도 필요한 구분이다. 예를 들어, 전략 컨설팅 초기에는 두 가지가 합쳐지는 경우가 많았다. 정역학에 대한 한 연구에서 상대적으로 높은 시장점유율이 매력적인 수익으로 이어진다는 결과가 도출되었다. 이는 시장점유율 확보(동역학)를 부추겼고, 대개 공격적인 가격 책정이 이용되었다. 그러나 시장점유율 확보 비용이 이익을 넘어설 때까지 경쟁자들의 맞대응이 이어지면서 그러한 정책은 가치를 창출하지 못했다.

이러한 단절을 보면 동역학을 이해하는 수단으로 정역학을 받아들이고 싶지 않을 수도 있다. 하지만 그것은 어리석은 생각이다. 20년 전, 두 편의 통찰력 있는 논문에서 포터 교수는 이러한 오류를 넘어 내 접근 방식에 영감을 준 근본적인 전제를 제시했다.

확고한 특성들을 시장의 결과와 연결하는 이론 체계는 모든 동적 전략 이론에 대한 기초를 제공해야 한다. 그렇지 않으면 탁월한 성과를 가져오는 동적 프로세스는 가치 없는 시장 지위나 쓸모없는 회사 기능을 만드는 프로세스와 구별될 수 없다.[87]

다시 말해, 어떤 여정이 가치 있는지 평가하기 위해서는 먼저 어떤 목적지가 바람직한지 이해해야 한다. 다행히 7파워는 여기에 정확히 부합한다. 가치 있는 일곱 군데 목적지만 보여주기 때문이다.

따라서 우리는 정역학의 관점으로 보았던 제1장의 넷플릭스 스트리밍 사업에 대한 논의를 되돌아볼 수 있다. 이를 통해 파워의 토대를 확립했던 가장 중요한 조치들에 초점을 맞추어 살펴보자.

1. **경쟁 지위: 매력적인 신규 서비스.** 넷플릭스의 선구적인 서비스 출시는 고객을 흥분시켰고, 이들 고객의 유입으로 넷플릭스는 결코 내주지 않았던 상대적인 규모의 우위를 일찌감치 확보할 수 있었다.
2. **산업 경제구조: 오리지널 및 독점 콘텐츠.** 넷플릭스는 비용구조에서 가장 큰 부분을 차지했던 콘텐츠 비용 중 일부를 변동비에서 고정비로 전환했고 최초로 규모의 경제를 확보하여 파워를 굳건히 다졌다.[88]

이러한 조치들은 스트리밍을 매력적이지 않은 치열한 경쟁 산업에서 확실한 현금 흐름을 창출하는 산업으로 영원히 바꿔놓은 근본적인 돌파구다. '의미 있는 시장에서 파워를 유지하는 방법'을 개발하는 것이란 바로 이런 것이다. 민츠버그가 이러한 과정을 '만들기'라고 칭했을 때, 사람들은 민츠버그의 통찰에 깊은 감명을 받았다. 넷플릭스는 신중한 실험을 계속해 시장에 적응하며 스트리밍 사업을 발전시킬 방법을 찾아냈고, 비즈니스에서와 마찬가지로 그러한 조치가 전략의 첫 번째 원칙임을 다시 한 번 보여주었다. 이것은 당신이 상상할 수 있는 전략 계획의 질서정연한 분석과 완전히 동떨어져 있다.

발명
-파워의 원천

지금까지 넷플릭스와 스트리밍 사업에 대해 살펴보았다. 이는 고무적인 이야기임이 틀림없지만 한 가지 사례만으로는 충분하지 않다. 이 장에서 나의 목표는 훨씬 더 야심 차다. 바로 당신이 '내 사업에서 파워를 창출하기 위해 무엇을 해야 하는가?'를 이해하도록 돕는 것이다.

넷플릭스 사례를 통해 우리는 스트리밍 사업을 만들어내고 오리지널 콘텐츠로 변신을 모색한 것이 '의미 있는 시장에서 파워를 유지하는 방법'이 되었음을 확인했다. 이제 더 일반적인 이해를 도출하기 위해 한 걸음 물러나 일곱 가지 파워 유형을 모두 다시 살펴보고 '파워를 확보하기 위해 무엇을 해야 하는가?'라는 동역학의 질문을 생각해보자.

- **규모의 경제.** 첫 번째 파워 유형에서는 규모의 경제를 달성할 수 있는 비즈니스 모델을 추구하고(산업 경제구조), 그와 동시에 고객을 끌어들이고 상대적 점유율을 확보하기에 충분한 차별적 매력이 있는 제품을 제공해야 한다(경쟁 지위).
- **네트워크 경제.** 판매점유율이 아닌 설치 기반이 목표라는 점을 제외하면 네트워크 경제의 니즈는 규모의 경제와 비슷하다.
- **독점자원.** 귀중한 자원을 매력적인 조건으로 사용할 권리를 확보해야 한다. 이는 처음부터 그 자원을 개발하여 소유권을 확보함으로써 얻는 경우가 많다. 가장 일반적인 방법으로 연구 개발에 대한 특허가 있다.
- **브랜딩.** 장기간에 걸쳐 독창적인 선택을 일관되게 유지함으로써 고객의 마음에 제품의 객관적 특성을 넘어서는 친밀감을 조성해야 한다.
- **카운터 포지셔닝.** 기존 기업이 모방할 경우 부수적 피해를 입을 수 있는 우월한 신규 비즈니스 모델을 개척한다.
- **전환 비용.** 먼저 고객 기반을 확보해야 한다. 이는 규모의 경제와 네트워크 경제에서 요구되는 신제품 요건과 동일하다.
- **프로세스 파워.** 상당 기간 내에 모방하기 어려우면서도 장기간에 걸쳐 상당한 우위를 제공하는 새롭고 복잡한 프로세스를 발전시킨다.

우리가 여기서 많은 영역을 다루고 있지만 당신은 공통된 주제를 알아차렸을 것이다. 바로 모든 파워 유형의 첫 번째 원천이 발명, 즉 제품, 프로세스, 비즈니스 모델, 브랜드 등의 발명이라는 점이다. "'나도'는 안 된다'Me too' won't do"라는 격언은 파워의 창출을 이끈다.

"'나도'는 안 된다"는 어떤 사업가에게도 직관적으로 옳게 느껴진다. 행동, 창조, 위험, 이것은 발명의 근간을 이룬다. 비즈니스 가치는 냉정한 분석에서 시작되지 않는다. 열정, 열광, 전문성은 발명에 연료를 공급하는 가장 중요한 요소다. 설립자의 강력하고 지속적인 기여는 이를 잘 보여준다. 계획이 파워를 형성하는 경우는 거의 없다. 파워가 확립된 뒤에는 계획이 파워를 강화할 수 있겠지만 아직 파워가 갖춰지지 않았다면 계획에 의존해서는 안 된다. 그보다는 가치사슬에서 실질적인 경제적 이익을 만들어내는 새로운 무언가를 창조해야 한다. 놀랄 것도 없이, 우리는 다시 슘페터로 돌아온 것이다.

발명과 파워의 위상

그러면 파워와 발명의 관계를 이루는 요소는 무엇인가? 일반적으로 다음과 같은 요소들이 있다.

1. 외부 조건의 **유동**은 새로운 위협과 기회를 만든다. 넷플릭스의 경우 위협과 기회가 모두 있었다. DVD 우편 대여 사업의 쇠퇴는 위협이었고 스트리밍 사업은 기회였다.

2. 유동은 그 특성상 **불규칙적으로** 일어난다. 따라서 새로운 조건을 기회로 삼으려는 기업은 설계가 아닌 만들기에 의한 발명을 해야 한다. 이러한 지각 변동이 단일 기업에서 흔히 일어나는 것은 아니지만 분명 발생하기 마련이다. 가차 없는 기술 발전이 지각변동을 일으키기 때문이다.

3. 이러한 불협화음 속에서 **파워에 이르는 길**을 찾아야 한다. 넷플릭스의 시가총액이 100배로 오른 것은 DVD 우편 대여 사업을 세밀하게 운영했기 때문이 아니었다. 능가할 수 없는 규모의 경제를 확보한 스트리밍 사업 때문이었다.

이를 바탕으로 파워의 동역학을 도표로 나타내보자.

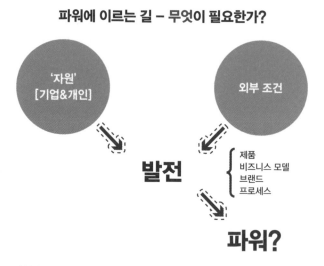

그림 8.4: 파워의 동역학-1

이 프레임워크를 넷플릭스의 스트리밍 사업에 적용해보자.[89]

- **자원.** 먼저 당신이 쏟을 수 있는 능력에서 시작해야 한다. 학계의 관례에 따라 나는 이를 '자원'이라고 부를 것이다. 자원은 스티브 잡스의

미적 감수성처럼 개인적이고 특이한 요소일 수도, 구글의 체계적이고 방대한 데이터 축적처럼 기업의 통합적 요소일 수도 있다. 넷플릭스의 경우, 원래의 DVD 우편 대여 사업은 추천 엔진, UI, 고객 데이터, 콘텐츠 소유자들과의 관계 등과 같이 바로 이전할 수 있는 기술을 비롯하여 스트리밍과 관련된 다양한 자원을 제공했다. 또한 단독 서비스가 아닌 DVD 우편 대여 사업의 보완 서비스로 스트리밍을 쉽게 제공할 수 있게 해준 기존 사업의 플랫폼 역시 마찬가지로 중요했다. 특히 부정적인 입소문을 야기할 수도 있었던 초기의 부족한 스트리밍 콘텐츠에 대해 터질 수 있는 불만을 잠재웠기 때문에 더욱더 중요했다. 그러나 반대로 넷플릭스가 개발해야 했던 능력도 많았다. 공격적으로 오리지널 콘텐츠 제작에 나서면서 그에 필요한 역량들이 상당한 수준으로 확장되었다.

- **외부 조건.** 이러한 자원들은 기술, 경쟁, 법률 등 변화하는 외부 조건에 의해 움직이는 기회들과 교차한다. 넷플릭스의 경우 반도체에 대한 무어의 법칙, 광통신 및 기억 장치의 기하급수적인 발전처럼 진보하는 기술의 경계가 스트리밍의 가능성을 열어주었다. 초고속 인터넷 연결, 합리적인 비용의 디지털 스토리지, 충분한 성능(디스플레이, 스토리지, 그래픽 처리, 연결성)을 갖춘 다양한 기기의 보급은 이러한 추세를 구체적으로 보여주었다. 넷플릭스가 좀 더 일찍 스트리밍 사업에 회사의 명운을 걸었다면 그들은 실패하고 말았을 것이다. 외부 조건이 아직 무르익지 않았기 때문이다.

- **발명.** 넷플릭스의 발명은 새로운 제품의 방향, 즉 스트리밍과 오리지 널 콘텐츠, 그리고 관련된 보완 서비스였다. 이는 설계된 것이 아니라 만들어진 것이었다. 그림 8.4에서 자원과 외부 조건에서 출발한 화살 표가 실선이 아닌 점선임을 주목하라. 발명의 가능성이 거기에 있다 해도 누군가가 그것을 붙잡아야 한다.

- **파워.** 마지막 단계는 독점 및 오리지널 콘텐츠 추진이었다. 콘텐츠 비 용의 통제권을 가져옴으로써 넷플릭스는 강력한 규모의 경제와 그에 따른 파워를 구축했다. 그림 8.4에서 발명에서 파워로 이어지는 화살 표 또한 점선임을 주목하라. 대부분의 발명은 파워를 보장하지 않는 다. 또한 앞서 논의했듯이 탁월한 운영(지속적인 재발명 프로세스)은 파 워를 가져오지 않는다.

따라서 파워를 개발하고 싶다면 첫 단계는 발명이다. 획기적인 제 품, 매력적인 브랜드, 혁신적인 비즈니스 모델을 발명하는 것이다. 하 지만 첫 번째 단계로 끝나는 것은 아니다. 오리지널 콘텐츠 없이 스트 리밍을 개발했다면 넷플릭스는 쉽게 모방되는 차별성 없는 회사로 남 았을 것이며, 파워도 비즈니스 가치도 없었을 것이다.

바로 여기서 7파워가 중요하다. 발명 과정에서 당신은 파워가 시작 되는 기회를 주의 깊게 살펴야 한다. 7파워 프레임워크는 중요한 이슈 에 주의를 집중시키고 유리한 결과가 나올 확률을 높여준다. 이는 전 략의 본질이 이룰 수 있는 가장 큰 성취다. 물론 이것이 전부는 아니지만 이는 많은 부분을 차지한다.

　민츠버그의 논문은 '전략에 대한 학문적 연구가 전략을 만드는 데 의미 있게 기여할 수 있는가?', 더 구체적으로 말해서 '전략의 본질이 전략에 중요한가?'라는 질문을 던졌다. 이제 당신은 답을 알고 있다. 전략의 본질은 중요할 수 있으나 결정적인 형성 단계에 파워로 안내하는 역할을 할 경우에만 중요하다. 나는 실용적인 전략 나침반이라는 정확한 목적을 염두에 두고 7파워를 개발했다.

발명:
가치를 높이는 두 가지 효과

지금까지는 순조로웠다. 7파워의 렌즈를 통해 살펴봄으로써 우리는 발명이 선행되어야 파워를 얻을 수 있다는 통찰을 얻었다. 비즈니스에서 가치를 창출하고자 한다면 행동과 독창성이 우선되어야 한다.

　하지만 성공은 파워만으로 이루어지지 않는다. 성공을 위해서는 규모가 필요하다. 전략의 본질에 대한 기본 방정식을 다시 살펴보자.

$$\text{가치} = [\text{시장 규모}] * [\text{파워}]$$

　제1부 정역학에서 우리는 파워에만 집중했고 시장 규모는 주어진 요소로 간주했다. 동역학에서는 그렇지 않다. 넷플릭스의 발명(스트리밍)이 파워의 기회뿐만 아니라 스트리밍 시장 또한 창출했음을 생각하

자. 100배의 가치 상승을 가져오기 위해서는 두 가지 요인이 모두 있어야 한다. 발명은 가치를 높이는 강력한 두 가지 효과를 갖고 있다. 파워의 가능성을 열고 시장 규모를 확대하는 것이다.

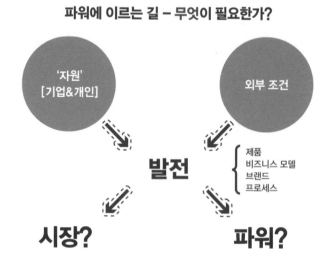

그림 8.5: 파워의 동역학-2

매력적인 가치[90]

발명은 시스템 경제에 바람직한 변화를 몰고 온다. 더 적은 비용으로 더 많은 것을 얻기 때문이다. 그에 따른 이득은 당신의 기업과 가치사슬의 다른 부문 사이에 어떤 식으로든 분배될 것이다. 7파워의 핵심은 당신이 늘어난 이득의 일부를 얻을 수 있게 만드는 것이다. 하지만 시장 규모를 형성하는 것은 고객이 경험하는 이득이다. 넷플릭스의 스트리밍 사업의 경우 고객이 스트리밍이라는 새로운 전달 방식에 호의적으로 반응하지 않았다면 파워의 기회가 모두 물거품이 되었을 것이다. 이 장의 나머지 부분에서는 이러한 고객 가치 측면을 살펴볼 것이다. 내가 여기서 사용할 '매력적인 가치compelling value'[91]라는 표현은 고객이 볼 때 신속한 도입을 촉진할 만큼 충분히 우수한 제품의 특징을 나타낸다. 전략의 본질에 대한 기본 방정식에서 시장 규모를 움직이는 것은 바로 이 추진력이다.

'꼭 사야 해'라는 반응을 얻기 위해서는 제품에 획기적인 차이가 있어야 한다. 그 차이가 어느 정도면 충분한가? 숫자로 정확한 기준을 정하고 싶은 마음이 들 것이다. 인텔의 탁월한 CEO 앤디 그로브는 대략 10배를 제시했다.[92] 이 수치는 적어도 그가 몸담고 있는 반도체 분야에 딱 맞았을 것이다. 하지만 다른 분야에는 적절하지 않다. 예를 들어, 광전지 효율을 50퍼센트 증가시키는 것, 즉 충전 밀도를 두 배로 높인 배터리는 차별적인 제품이 되기에 충분할 것이다.

매력적인 가치를 얻기 위해서는 경쟁 제품이 현재 충족하지 못하는 중요한 고객 요구를 충족하는 제품을 내놓기 위해 역량을 동원해야 한다. 이러한 요구는 고객의 채택을 이끌어낸다.

역량 주도의 매력적인 가치: 어도비의 아크로뱃

매력적인 가치를 창출하는 방법은 세 가지가 있다. 각각은 서로 다른 전술적 요구를 갖고 있으며, 따라서 나누어 생각하는 편이 좋다. 첫 번

그림 8.6: 매력적인 가치

째 방법은 **역량 주도의 매력적인 가치**Capabilities-led compelling value다. 이는 기업이 어떤 역량을 매력적인 가치를 지닌 제품으로 전환하고자 하는 경우를 의미한다.

어도비Adobe의 아크로뱃Acrobat 개발을 생각해보자. 여기서 주요 역량은 소프트웨어와 그래픽의 공통 영역에서 어도비가 보유하고 있던 능숙함이었다. 어도비의 공동 설립자 존 워녹John Warnock은 이러한 전문성을 활용해 시각적 무결성을 유지하면서 다양한 컴퓨터 플랫폼 간에 문서를 투명하게 공유할 수 있는 소프트웨어를 개발하고 싶었다.

2년간의 치열한 개발 끝에 1993년 6월 15일, 어도비는 아크로뱃 1.0을 출시했다. 아크로뱃은 모든 기업이 직면한 성가신 문제인 문서

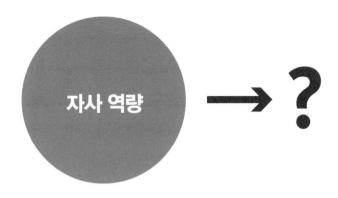

그림 8.7: 역량 주도 발명

의 혼란을 정리할 해결책 같았고, 그러한 기대는 걷잡을 수 없이 퍼져나갔다.

대대적인 광고가 이루어졌습니다. 사람들의 기대는 믿을 수 없을 정도로 높았어요. 정말 빠르게 팔려나간 포토샵에 버금갈 정도였습니다.[93]

하지만 첫해의 매출은 가까스로 200만 달러를 달성했고, 이듬해의 매출도 그리 좋지 않았다. 기술 부문을 총괄하는 밥 울프Bob Wulff는 자신의 직위를 유지했으나 사장은 수시로 바뀌는 자리가 되었다. 얼마 후에 내놓은 아크로뱃 2.0 역시 실패로 끝났다.

결국 아크로뱃에 예상치 못한 기회를 만들어준 것은 기술의 발전이었다(이 경우 인터넷). 인터넷 언어인 HTML은 사용자의 플랫폼에 맞추기 위해 문서를 리플로*한다. 대부분의 경우는 괜찮지만, 프레젠테이션이나 계약서처럼 원본의 스타일을 그대로 유지해야 하는 문서도 많다. 아크로뱃은 이러한 요구를 충족시켰다. 그 결과 매출이 1996년 말에 2500만 달러에 이르렀고, 1998년 말에는 5800만 달러까지 증가했다. 10년 뒤 아크로뱃은 10억 달러 규모로 성장하여 어도비의 가치에 중요한 기여를 하는 사업으로 부상했다.

하지만 이러한 역량 주도 계획에는 불확실성이 있다. 고객의 요구가 알려지지 않아 매우 큰 위험을 야기한다는 것이다. 사실 위험이 너무 크기 때문에 초기에 확실한 장벽이 나타날 경우에만 개발에 착수해야 할 것이다. 더불어 그런 경우 고객의 욕구 표현이 약간의 지침을 제공할 수 있지만 잘못된 방향으로 이끌 가능성 또한 크다는 점을 주의해야 한다. 예를 들어, IBM은 일찍이 어도비에 아크로뱃 개발을 권했으나 이후 소프트웨어의 결점을 보고 주저했다. 이러한 역학은 스티브 잡스의 발언에서도 엿볼 수 있다.

많은 경우, 사람들은 원하는 것을 보여주기 전까지는 무엇을 원하는지 모른다.[94]

성공을 위해서는 상황의 요건에 맞추어 적절히 변화하며 사업을 지속해야 한다. 성공하기까지는 보통 오랜 시간이 걸리며(어도비의 경우

---

* reflow, 화면에 표시되는 텍스트의 공간을 조절하는 것.

5년) 많은 우여곡절이 따른다. 그 과정에서 기대의 압박이 따른다 해도 과도한 약속은 피해야 한다. 신규 사업이 독자적인 사업이라면 그러한 약속은 외부 자금의 지속 불가능한 요구사항으로 이어질 것이다. 또 신규 사업이 기존 사업에서 파생되었다면 그러한 약속은 새로운 계획을 무력화하기 위해 숨어서 기다리는 기업 항체corporate antibodies를 발생시킬 것이다.

고객 주도의 매력적인 가치: 코닝의 광섬유

두 번째 방법은 **고객 주도의 매력적인 가치**customer-led compelling value다. 이 경우 충족되지 않은 요구를 알아차리는 기업은 많지만 그것을 충족시키는 방법은 아무도 모른다.

대표적인 사례로 코닝Corning의 광섬유를 살펴보자. 1970년대 초반, 도파관Waveguide이라고도 알려진 광섬유는 엄청나게 늘어난 트래픽을 처리할 수 있는 가능성을 선보이며 커뮤니케이션의 성배로 여겨지게 되었다. 광섬유 제작의 투명도 문제를 해결할 수 있다면 어떤 회사든 매력적인 가치를 보장받을 것 같았다. 그러나 안타깝게도 광섬유 제작에 필요한 유리의 투명도는 상상할 수조차 없는 수준이었다. 바다가 광섬유 유리만큼 투명하다고 할 경우, 마리아나 해구 위에서 1만 미터 아래 바닥까지 볼 수 있는 정도에 해당하기 때문이다.

게다가 코닝은 비참할 만큼 뒤처져 있었고 자원도 부족했다. 유리

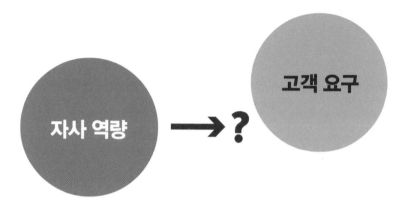

그림 8.8: 고객 주도 발명

분야에서는 막강한 회사였지만 전기통신 분야는 처음이었기 때문에 다른 업체에 비하면 보잘것없는 수준이었다. 전기통신 기술의 세계적인 리더이자 거대 기업인 AT&T조차 뒤늦게 광통신에 눈을 돌렸다.

경쟁 기업들은 투명도 문제의 해결책을 찾기 위해 매우 논리적이고 점진적인 방안을 따르기로 결정했다. 그들은 단거리 광섬유에서 이미 성공한 유리 조성을 조금씩 수정하여 투명도를 높이는 방법을 모색했다. 코닝에 오래 몸담았던 MIT 물리학 박사 프랭크 모러Frank Maurer는 다른 방향을 택했다. 그는 이미 투명도 높은 유리로 알려진 순수 실리카를 이용해 표면을 긁어 도파관을 만드는 방식을 시도했다. 실리카는 녹는점과 점도가 높은 매우 까다로운 물질이었으나 두 가지 장점이 있었다. 처음부터 투명도가 매우 높았고, 다른 기업들보다 코닝에 훨씬 더 익숙한 물질이었다.

광섬유는 외부의 클래딩과 내부의 코어로 이루어지며, 내외부의 굴

절률 차이를 이용해 빛이 '새어나가는 것'을 방지한다. 모러와 두 명의 팀 동료 돈 켁Don Keck, 피터 슐츠Peter Schultz는 실리카를 코어에 넣는 방법을 찾지 못해 큰 장애에 부딪혔다. 막다른 길에 수없이 막히던 개발팀은 마침내 기상증착법vapor deposition을 이용해 균일한 실리카 필름을 클래딩 유리 안에 넣는 방식을 생각해냈다.

1970년 9월, 슐츠와 켁이 1킬로미터짜리 섬유를 뽑아냈다. 감싸는 과정에서 섬유가 부러지긴 했으나 그들은 훌륭한 샘플 두 가지를 얻을 수 있었다. 섬유 테스트가 준비된 것은 어느 금요일 늦은 오후였다. 슐츠는 이미 퇴근했지만 켁은 한시라도 빨리 테스트를 하고 싶었고 섬유가 쉽게 깨지는 것이 매우 걱정스러웠다.

그는 붉은빛의 헬륨 네온 레이저빔을 섬유에 맞춰 정렬하고 테스트 장치를 설정했다. "섬유를 옮기던 순간이 아주 생생하게 기억납니다. 레이저가 코어에 닿는 순간 갑자기 불빛이 번쩍였습니다." 처음에는 혼란스러웠으나 켁은 빛이 앞뒤로 움직이며 200미터짜리 섬유를 통과했음을 깨달았다. 그의 앞에는 그동안 만들어진 유리 중 가장 투명한 유리가 놓여 있었다.[95, 96]

이것으로 광섬유 개발이 끝난 것은 아니었지만 투명도 문제를 해결한 이 돌파구는 매력적인 가치를 달성한 개발이었다. 광 전송은 원거리 상호 작용이라는 인간의 필수적인 요구를 충족하는 데 드는 비용을 급격히 감소시켰고, 광섬유는 사회, 산업, 군대, 학계 등 거의 모든 영역을 크게 변화시키며 지난 세기 최고의 가능기술enabling technology 중 하나로 빠르게 자리매김했다. 광섬유가 없었다면 오늘날 우리가 알고 있는 인터넷은 당연히 불가능했을 것이다.

이 사례에서 불확실성은 '우리가 그것을 개발할 수 있는가?'라는 기술적 측면이다.

경쟁자 주도의 매력적인 가치: 소니의 플레이스테이션

매력적인 가치를 창출하는 세 번째이자 마지막 방법은 **경쟁자 주도**competitor-led 방식이다. 이 경우 경쟁 업체는 성공적인 제품을 이미 시장에 내놓은 상태이며, 새로운 것을 발명하려는 업체는 전체 제품 측면에서 훨씬 더 나은 무언가를 생산하여 '꼭 사야 해'라는 반응을 이끌어내야 한다.

소니Sony의 플레이스테이션PlayStation은 경쟁자 주도의 매력적인 가치를 보여주었다. 1990년대 초반, 소니는 가전 분야에서 눈길을 끌며 존재감을 드러냈으나 비디오 게임에서는 풋내기에 불과했고 닌텐도와 세가Sega라는 막강한 기존 기업에 직면해 있었다.

진보하는 기술의 경계는 또다시 선구적인 도전 기업에 가능성을 열어주었다. 점진적으로 발전하는 제품의 경우 확고하게 자리 잡은 경쟁자들을 앞지를 기회가 많지 않을 것이다. 하지만 뛰어난 엔지니어이자 소니의 비디오 게임 진출의 핵심 인물인 구타라기 켄Ken Kutaragi은 실

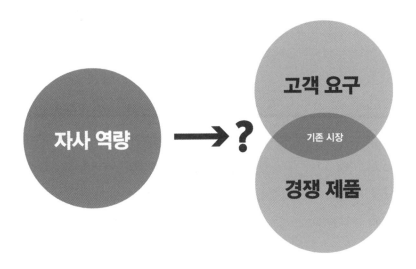

그림 8.9: 경쟁자 주도 발명

시간 3D 그래픽이라는 돌파구가 '꼭 사야 해'라는 반응으로 이어질 것이라고 확신했다. 몰입은 게임을 하는 사람에게 매우 중요한 요소였고, 3D는 2D의 영향을 받지 않는 좌뇌와 우뇌의 다양한 반응을 이끌어내며 게임의 현실 모방에 큰 변화를 가져왔다.

플레이스테이션 개발 과정에는 극적인 순간이 매우 많았다. 그중에서도 가장 결정적인 순간은 오가 노리오Norio Ohga 사장의 개인적인 보증으로 컴퓨터 칩을 주문한 때이다.

1993년 5월, 집행위원회는 도쿠나가(Tokunaka, 구타라기의 직속상관)와 구타라기의 발표를 듣고 오가 사장의 주도에 따라, 불확실한 신사업 전망에도 불구하고 게임기의 핵심 부품인 컴퓨터 칩 개발에 5000만 달러를 투자하기로 승인했다. (중략) 도쿠나가는 130만 달러짜리 컴퓨터 칩의 주문서를 작성하며 손이 떨리던 순간을 떠올렸다.[97]

1994년 12월 3일, 소니가 일본에서 플레이스테이션을 출시했다. 당시 매장 주변에는 구역을 둘러 긴 줄이 늘어섰고, 플레이스테이션은 한 달 만에 30만 대가 팔려나갔다. 1999년 회계연도 마감(3월 31일)에서 비디오 게임 그룹은 소니 영업 이익의 27퍼센트를 차지했다. 2000년에 플레이스테이션2가 출시될 무렵 플레이스테이션의 설치 기반*은 9000만 대에 달해 1800만 대가 판매된 닌텐도의 N64를 무색하게 만들었고 900만 대에 그친 세가의 새턴Saturn을 완전히 덮어버렸다.[98] 오늘날, 소니가 새롭게 태어나고자 노력하면서 비디오 게임 사업은 그들의 얼마 없는 밝은 빛 가운데 하나로 남아 있다.

경쟁자 주도의 매력적인 가치의 경우 불확실성은 두 부분으로 나뉜다. (1) 새로운 특징이 점유율 증가를 견인할 만큼 차별적 매력이 있는가? (2) 기존 경쟁 업체의 대응이 충분히 늦어질 것인가?

경쟁자 주도 방식은 파격적이고 선제적인 약속을 필요로 할 때가 많다. 주어진 시간은 얼마 없고 경쟁 업체의 대응은 훨씬 더 임박해 있기 때문이다. 많은 경우, 보완 제품을 제공하는 업체들과 사전에 공식적인 합의를 이루어야 한다. 그러한 약속이 없다면 그들은 계약에 응하지 않을 것이다. 예를 들어, 플레이스테이션의 경우 소니는 독립 게임

* installed base, 실제 사용 중인 제품이나 서비스의 단위 수.

회사들이 처음부터 플레이스테이션용 게임을 개발하도록 사전 합의를 해야 했다. 아이폰의 경우 거대 통신 기업들이 그 대상이었다.

결론

'무엇을 해야 하는가?' 그리고 '언제 할 수 있는가?' 이 두 가지 질문에 파워를 개발하기 위한 핵심이 담겨 있다. 이번 장에서는 첫 번째 질문을 다루었고, 이어서 다음 장에서는 두 번째 질문을 살펴볼 것이다.

'무엇'에 대한 답은 동역학에 대해 중요한 통찰을 제공한다. 파워는 제품, 프로세스, 브랜드, 비즈니스 모델 등의 발명 뒤에 따라온다는 것이다. 하지만 대부분의 발명은 탁월한 운영의 결과일 뿐이므로 경쟁 아비트리지의 영향에서 자유롭지 못하다. 따라서 이러한 형성기에는 발명이 구체화됨에 따라 파워의 요건에 맞추어 끊임없이 적응하고 경계해야 한다. 내가 7파워를 개발한 것은 이에 필요한 준비된 지침을 제공하기 위해서다.

스티브 잡스는 '미치도록 위대한 제품insanely great products'을 설파한 것으로 유명하다. 이는 유별난 것이 아니라 매우 전략적인 생각이다. 발명은 파워의 문을 열어줄 뿐만 아니라 전략의 본질에 대한 기본 방정식에서 나머지 반쪽인 시장 규모 또한 확대해준다.

그러면 다음 질문으로 넘어가보자. 이제 '언제?'에 대한 답을 알아볼 차례다.

부록 8.1:
주식 투자와 전략 나침반으로서의 7파워

나는 7파워를 포함하여 전략의 본질에 대해 내가 개발한 전체적인 방법론인 파워 동역학으로부터 비즈니스 가치에 대한 이해를 얻었고, 이를 활용해 전략 조언자 외에도 적극적인 주식 투자자로 수십 년 동안 활동했다. 파워 동역학 방법론은 부록 9.1에 설명되어 있다. 장기간에 걸친 내 투자 결과는 이 책의 주제와 어느 정도 관련이 있다. 나는 변동이 큰 상황에서 파워의 전망을 정확하게 규정하는 7파워 프레임워크만의 예리함을 바탕으로 투자를 실행해왔다. 하지만 변동이 큰 상황에서 파워의 가능성을 사전적으로 평가하는 것 또한 전략 나침반에 대한 사업가의 요구다. 이에 대해 몇 가지 구체적인 내용을 살펴보자.

먼저, 전략 나침반이라는 주제를 요약하면 다음과 같다.

- 나는 전략의 본질과 전략에서 핵심은 근본적인 잠재 비즈니스 가치 하나뿐이라는 기본 가정을 세웠다. 나는 이것을 가치의 공리Value Axiom라고 부른다. 가치의 공리는 파워 동역학과 7파워의 기반이다. 이러한 주장은 내가 의도적으로 범위를 제한한 것과 일맥상통한다. 지난 몇십 년의 결과는 가치의 공리를 채택함으로써 예리함과 유용성을 얻을 수 있다는 것을 입증해주었다.

- 비즈니스에서 가장 중요한 '가치의 순간value moment'은 전략의 본질에 대한 기본 방정식, 시장 규모, 파워와 관련하여 불확실성의 장애물이

근본적으로 사라질 때 나타난다. 그 순간, 현금 흐름의 가능성은 투명성을 한 단계 변화시킨다.

- 큰 변동에도 불구하고 시장 규모와 파워를 모두 이끌어낼 수 있는 '가치의 순간'을 만드는 것은 바로 발명기간이다. 이 기간에는 높은 불확실성이 계속된다. 전환은 선형적으로 일어나지 않으며 정확한 예측이 매우 어렵기 때문이다.

- 전략의 본질은 만트라를 충족하는 방법을 찾을 가능성을 높여 현장의 '발명가들'을 안내하는 전략 나침반의 역할을 할 경우에만 발명기간에 기여할 수 있다.

- 그러한 인지적 지침의 역할을 하기 위해 전략의 본질 프레임워크는 단순하되 지나치게 단순화하지 않아야 한다. 이것이 7파워의 목표다.

그렇다면 이것은 주식 투자와 어떤 관련이 있는가?

내가 아는 한 7파워는 모든 기업, 모든 분야에 적용된다. 게다가 많은 투자자와 관련된 근본적인 비즈니스 가치에 기반을 둔다. 이는 7파워를 활용할 경우 어떤 기업에 투자하든 알파[99], 즉 평균보다 높은 수익률을 얻을 수 있다는 의미인가? 물론 그렇지 않다.

거의 모든 경우, 파워의 가능성과 시장 규모는 통찰력 있는 투자 전문가에게 충분히 드러난다. 특히 그것은 과거의 재무 정보를 나타내는 지표에서 흔히 볼 수 있다. 알파는 준강형semi-strong form 효율적 시장 가설*의 예외에 따라 결정된다. 즉 평균보다 높은 수익률을 얻기 위해서는 중요한 정보 우위가 필요하다. 이러한 경우 7파워는 그러한 우위를 제공하지 못한다.

7파워를 적용해 알파를 기대할 수 있는 경우는 그러한 투명성이 실제로 성립되지 않는, 다시 말해 불투명한 상황에서 7파워로 그러한 불투명함을 꿰뚫어볼 수 있을 때뿐이다.

불투명을 일으키는 주된 요인은 높은 변동성이다. 어떤 기업이 빠르게 변화하는 환경에 놓여 있다면 투자 전문가가 직면하는 정보는 미래의 잉여현금 흐름에 대해 훨씬 더 높은 불확실성을 나타내는 경향이 있다. 하지만 높은 변동성은 '가치의 순간' 주위를 맴도는 어떤 조건들을 수반하기도 한다. 따라서 이러한 상황에서 7파워가 **사전에** 파워를 규명하여 알파로 안내할 수 있다면 만트라를 충족할 방법을 찾는 현장의 투자자들에게도 유용할 수 있을 것이다.

그렇다면 나는 어떻게 이러한 접근법을 따랐는가? 나는 알파를 달성할 수 있었는가? 내 투자 기록은 22년 전으로 거슬러 올라가지만 여기서는 이들 질문에 대한 답을 통해 간단히 설명할 것이다. 나는 1994년 초부터 2015년까지 주식시장에 참여했던 4664거래일의 일일

---

* Efficient Market Hypothesis, 효율적 시장 가설은 자본 시장의 가격이 이용 가능한 정보를 즉각적으로 반영한다는 가설로, 정보 범위에 따라 약형, 준강형, 강형으로 구분된다. 준강형 효율적 시장 가설은 과거의 모든 정보와 현재 공개된 정보가 주식 가격에 반영되어 있는 시장을 말한다. 따라서 공개된 정보로는 평균 이상의 수익률을 얻을 수 없다.

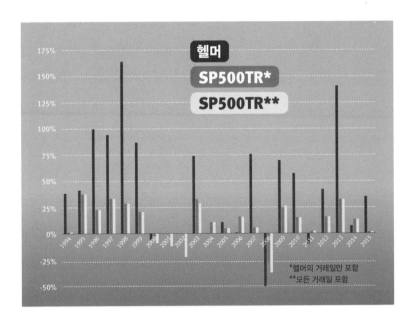

그림 8.10: 헬머의 연간 주식 투자 총수익률(1994~2015)

포트폴리오 수익률 데이터를 모두 갖고 있다.[100] 내 연도별 연간 총수익률은 그림 8.10과 같다.

 나는 22년 가운데 17년은 1년 내내 투자했고 3년은 일부 기간만 투자했으며 2년은 완전히 투자를 중단했다. 내가 투자했던 20년 가운데 내 총수익률이 시장 총수익률보다 높았던 기간은 14년이며 낮았던 기간은 6년이다. 내가 적극적으로 투자했던 거래일 동안, 나는 41.5퍼센트의 연평균 수익률을 기록한 반면 S&P500TR의 연평균 수익률은 14.9퍼센트였다. 따라서 나는 평균적으로 매년 S&P500TR보다 26.6퍼센트 높은 수익을 달성했다.[101]

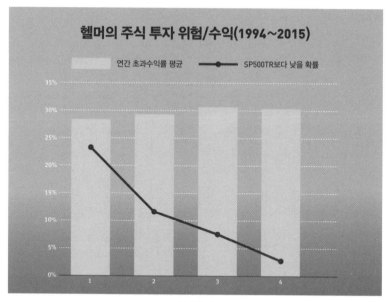

그림 8.11: 헬머의 주식 투자 위험/수익

하지만 매우 집중된 내 접근법은 시장과 다른 리스크 프로파일을 발생시킨다. 따라서 우리는 리스크 조정 수익률 또한 살펴보아야 한다. 그 방법 중 하나는 시장 전체의 영향(베타)을 제거하는 것이다. 그 결과 연평균 24.3퍼센트의 알파가 도출되었다(거래일당 평균 알파는 9.1베이시스 포인트).

높은 집중도로 인해[102] 내 접근법은 시장보다 더 높은 변동성을 보인다. 연간 기준으로 계산하면 S&P500TR의 변동성은 15.8퍼센트인 반면 내 투자 포트폴리오의 변동성은 31.6퍼센트다. 이와 관련된 위험/보상을 평가하는 유용한 방법은 투자자가 시장을 '이기는' 가능성을 계산하는 것이다. 이를 위해 나는 4664거래일에 대해 위험/수익 프로파일을 계산했다.

1. **위험.** 어떤 투자자가 1~4년 동안 내 접근법을 유지했을 때 시장보다 낮은 수익을 얻을 확률은 얼마인가?[103]
2. **수익.** 1~4년 동안 연평균 수익률은 얼마인가?

그림 8.11은 이에 대해 계산한 결과다. 이 도표는 내 접근법에 따라 4년 동안 투자할 경우 시장보다 높은 수익을 내지 못할 확률이 약 3퍼센트일 것이며('위험'), 4년 동안 보유한 주식의 평균 수익률은 시장보다 매년 약 30퍼센트 높을 것임을('수익') 나타낸다.

따라서 이러한 수치들을 바탕으로, 7파워의 활용이 장기에 걸쳐 대단히 매력적인 수익을 가져왔음을 알 수 있다. 나는 이러한 결과를 내는 다른 전략 프레임워크를 알지 못한다. 따라서 7파워는 변동성이 큰 상황에서 **사전에** 파워의 가능성을 규명하는 도구로 차별화된 예리함을 갖춘 것으로 보인다. 이는 변동성이 클 수밖에 없는 중대한 '가치의 순간'에 7파워가 비즈니스 리더들을 위한 인지적 틀로서 유용하다는 것을 보장한다.

9장
파워의 발전

돌고,
돌고,
돌고

인텔,
처음부터 다시 시작하다

나는 서문에서 가치를 창출하는 파워의 탁월함을 설명하기 위해 인텔의 사례를 이용했다. 인텔의 경험은 실패한 메모리 사업이 수익성 좋은 마이크로프로세서 사업과 대조되는 완벽한 '통제' 사례를 제공한다는 점에서 특히 흥미로운 사실을 보여준다.[104] 뛰어난 리더십과 경영진, 기술적 깊이, 제조 역량, 폭발적으로 성장하는 시장 등 인텔이 지닌상당한 우위는 두 사업에 동등하게 적용되었다. 그러나 결과는 완전히달랐다. 메모리 사업은 고통스럽게 퇴출된 반면 마이크로프로세서 사업은 지속적으로 높은 수익을 창출했다. 두 사업의 차이는 무엇인가?바로 파워의 유무다. 이들 두 사례는 핵심을 분명히 보여준다. 바로 당신의 사업이 반드시 파워를 획보해야 한다는 것이다. 탁월한 운영만으로는 충분하지 않다.

앞 장에서 나는 '처음부터 파워의 지위에 도달하기 위해 기업은 무엇을 해야 하는가?'라는 동역학의 첫 번째 질문을 다루었다. 여기서 얻은 이해는 인텔에 모두 적용된다. 인텔 역시 모든 것은 발명에서 시작되었다. 좀 더 구체적으로 말하면, 일본의 계산기 회사 비지컴과의 칩 설계 계약을 이행하는 과정에서 마이크로프로세서의 발명이 이루어졌다.[105]

이번 장에서는 '**언제** 파워의 지위에 도달할 수 있는가?'라는 동역학의 두 번째 질문을 살펴본다. 먼저 인텔의 마이크로프로세서 사업에 대해 이 질문의 답을 제시할 것이다. 그리고 이를 바탕으로 모든 파워 유형에 적용되는 프레임워크인 파워의 발전 과정을 도출할 것이다. 우선 인텔부터 시작하자.

인텔이 마이크로프로세서 사업에서 파워에 도달한 길은 느리고 험난한 여정이었다. 대부분의 혁신적인 제품과 마찬가지로 인텔의 마이크로프로세서 사업은 분열과 불확실성으로 얼룩졌고, 내부적으로 기업 항체가 기승을 부렸다. 영업과 마케팅을 총괄하는 재능 있는 리더인 빌 그레이엄Bill Graham은 마이크로프로세서 사업 추진을 억제하기 위해 온 힘을 쏟았다. 그는 이 사업이 어떻게 인텔의 부족한 현금을 투자할 만한 규모로 성장할지 상상할 수 없었다. 이사회 역시 사업 전환에 너무 많은 비용이 소요될 것을 우려했으나 CEO 로버트 노이스와 회장 아서 록Arthur Rock은 마이크로프로세서 사업을 성공시켰고 그레이엄은 싸움에 지고 말았다.

앞서 언급했듯이 인텔은 원래 일본 비지컴을 위해 반도체 마이크로프로세서를 설계했다. 따라서 먼저 그 발명에 대한 권리를 다시 사 와야 했다. 인텔은 이를 확보하고 얼마 지나지 않아 최초의 상업용 마이크로프로세서 4004를 내놓았다. 그리고 얼마간 지지부진한 시기를 보낸 끝에 마침내 설계 부문에 충분한 자금을 투자했고, 그 결과 1972년에 4004의 후속작 8008을 출시했다. 이후 개발 노력이 계속되면서 1978년에 획기적인 제품인 16비트 8086으로 정점에 올랐다.

외부의 도전은 내부의 도전만큼이나 모든 면에서 만만치 않았다. 고객 측면에서 4004는 상업적 견인력이 거의 없었다. 반도체는 최종 산출물이 아닌 부품이다. 그런 경우 구매 약정은 새로운 부품을 평가하고, 자신들의 제품에 넣어 설계하고, 그 제품을 고객에게 제공하는 다른 제조업체들에 의해 결정된다. 이러한 소요시간은 마이크로프로세서에서 더욱 두드러졌다. 마이크로프로세서가 너무 급진적인 제품이었기 때문이다. 마이크로프로세서는 점진적으로 발전된 것이 아니라 컴퓨터의 기능을 제공하는 완전히 다른 방법이었다.

경쟁 업체 또한 예상치 못한 도전으로 등장했다. 제품 채택에 걸리는 긴 소요시간은 경쟁 업체들이 인텔의 경험을 바탕으로 자사 제품을 개발할 시간을 충분히 제공했다. 1978년 후반, 인텔은 자신들이 선두를 달리는 것이 아니라 뒤지고 있다는 사실을 깨닫고 깜짝 놀랐다. 심지어 인텔 내부에서도 모토롤라 68000이 더 뛰어난 제품임을 인정했다. 메모리 사업을 무너뜨렸던 경쟁의 역학이 이제 마이크로프로세서 사업에도 위협을 가하고 있었다.

인텔은 영업과 마케팅에서 진압 작전Operation Crush이라는 대대적인 캠페인을 펼치며 앤디 그로브의 지휘 아래 적극적으로 대응에 나섰다. 경영진은 그해에 2000건의 디자인 윈*을 달성한다는 공격적인 목표를 수립했고, 인텔은 전사적인 활동에 착수했다.

강력한 추진력에 동기를 얻은 인텔의 얼 웻스톤Earl Whetstone은 가능성 없는 후보 고객인 IBM의 문을 두드렸다. 그때까지 대부분의 사람이 IBM은 중요한 반도체 수요를 내부적으로 조달할 것이라고 생각했다. IBM은 인텔의 8086보다 훨씬 강력한 IBM 801 RISC라는 마이크로프로세서를 보유했고, 독자적인 반도체 회사보다 규모가 큰 반도체 제조 시스템까지 갖고 있었다.

하지만 IBM에도 변화가 닥쳤다. 소형 컴퓨터의 급격한 확산을 놓쳤던 것이다. IBM의 컴퓨터 시장점유율은 상당히 줄어들었고 주가 역시 하락했다. 이 뼈아픈 경험으로 새로운 비즈니스 수행 방식에 마음을 열게 된 IBM은 1년 내에 개인용 컴퓨터를 개발한다는 프로젝트 체스Project Chess를 추진하기에 이르렀다.

비용을 낮추고 지연을 최소화하기 위해 IBM은 모든 종류의 일반적인 관행을 버렸다. 그 덕분에 인텔의 웻스톤은 프로젝트 체스를 맡은 새로운 리더 돈 에스트리지Don Estridge에게서 너무나 놀랍게도 우호적인 태도를 발견했다.

에스트리지와 그의 팀은 각고의 노력으로 1년의 마감 기한을 지키

---

* design win, 제조사에서 특정 업체의 부품을 사용하기로 결정하는 것.

며 8086의 단순화된 버전인 8088이 탑재된 혁신적인 IBM PC를 개발했다. 그때까지 누구도 그 뒤에 이어진 시장 폭발을 예상하지 못했다. 1981년 8월 12일에 출시된 IBM PC는 이듬해에 75만 대가 판매되었다.[106] 모두 인텔 8088과 함께였다. 그리고 마침내 인텔 마이크로프로세서용 핵심 애플리케이션이 등장했다.

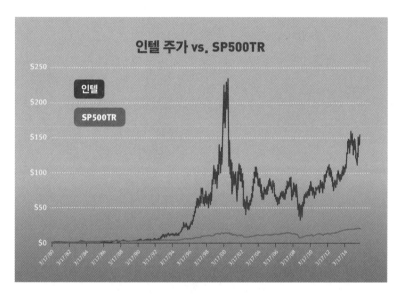

그림 9.1: 인텔 주가 vs. S&P500TR (지수 값: 1980년 3월 17일=1.00)[107]

발명에서
파워로

그림 9.1은 8008 디자인 윈을 달성한 시기부터 2015년 말까지 인텔의 주가를 나타낸다.

이 기간 동안 인텔의 시가총액은 1000억 달러 이상으로 치솟은 채 머물렀다. 인텔의 주가가 8500퍼센트 이상 오른 한편 S&P500TR는 2000퍼센트 가량 증가했다. 이는 모두 마이크로프로세서 사업에서 창출된 가치다. 더 구체적으로는 7파워 중 세 가지 파워에서 비롯되었다.[108]

1. **규모의 경제.** IBM PC라는 로켓에 올라탄 인텔은 결코 포기하지 않았던 막대한 규모의 우위를 달성했다. 그 결과 몇 가지 방법으로 단위 비용을 낮출 수 있었다.

   - 칩 설계 고정비. 반도체 설계에는 많은 비용이 든다. 인텔은 이 고정비를 훨씬 더 많은 생산량에 비례 배분하여 단위당 설계 비용을 획기적으로 낮출 수 있었다.
   - 공장 설계 고정비. 반도체 공장은 복잡하고 비싸다. 인텔은 단일 설계를 활용하여 공장 설계 비용을 여러 공장에 비례 배분했고, 이는 다시 단위당 생산비를 낮추는 결과로 이어졌다.
   - 리소그래피* 발전의 선구자. 반도체는 세대가 바뀌면서 더욱 미세화한다. 이는 제조 및 제품 효율성을 향상시킨다. 더 높은 수요가 예측된 덕분에 인텔은 얼마 지나지 않아 반도체 회로 간격을 더욱 좁히며 어떤 순간에도 단위당 비용 우위를 강화할 수 있었다.

---

* lithography, 미세하고 복잡한 전자회로를 반도체 기판에 그려 집적회로를 만드는 기술.

2. **네트워크 경제.** 고객은 칩만 구매하지도, PC만 구매하지도 않는다. 개인용 컴퓨터를 살 때, 고객이 실제로 구매하는 것은 PC에서 작동하는 애플리케이션을 통해 특정 과업을 수행할 수 있는 능력이다. 이는 소프트웨어와 하드웨어가 밀접한 관련이 있음을 의미한다. 즉 이 두 가지는 서로의 보완물이다. 개인용 PC 판매 초기에는 칩의 메모리와 속도 제한 때문에 운영 체제와 일부 애플리케이션이 프로세서에 맞춰 특별히 프로그래밍되어야 했다. 특히 IBM PC를 탄생시킨 스프레드시트 프로그램 로터스1-2-3은 인텔 프로세서용으로 개발되었고, 마이크로소프트가 제공한 MS-DOS도 마찬가지였다. 따라서 후발 PC 제조업체는 IBM 호환 프로그램을 활용해야 했으며 그렇지 않으면 사용할 수 있는 프로그램이 없었다. 이는 그들이 인텔의 칩이나 인텔과 호환되는 칩을 사용했음을 의미한다. 바로 네트워크 경제가 작동했던 것이다.

3. **전환 비용.** 사용하던 PC를 다른 제품으로 바꾸고자 할 때, 인텔 칩에 특화된 프로그램은 사용자가 인텔 칩이 아닌 제품으로 옮겨 가는 것을 막을 것이다. 다른 칩을 사용한 제품으로 바꾼다면 사용자가 기존 프로그램에 쏟은 노력은 쓸모없어질 것이다.

얼마 지나지 않아 OS와 애플리케이션 소프트웨어가 칩 수준에서 분리되면서 네트워크 경제는 대부분 사라졌다. 하지만 그 무렵 인텔은 막대한 규모의 우위를 달성했다. 나와 함께 일했던 빌 미첼Bill Mitchell은 다음과 같이 발했다.

"인텔의 스토리를 한 문장으로 말하면 단일 설계의 승리, 이후 15년간의 매우 높은 전환 비용, 이후 규모의 경제라고 할 수 있습니다."[109]

인텔은 각 파워의 원천에 정확히 어떻게 도달했는가?

- **규모의 경제.** 규모의 경제를 확립하기 위해 인텔은 PC 시장의 폭발적인 성장이 끝날 때까지 시장점유율의 우위를 장악했다. 잘 알려져 있듯이 성장세가 진정되고 나면 규모에서 앞선 선두기업이 비용 우위를 이용해 경쟁 업체들을 막을 수 있다.

- **네트워크 경제.** 도약 단계의 중요성은 네트워크 경제에서 더욱 두드러지게 나타난다. 많은 경우 네트워크 경제는 티핑포인트의 특징을 보인다. 선두기업이 설치 기반에서 우위를 점하고 나면 대부분의 사용자는 선두기업을 선택하는 것이 자신에게 유리하다는 것을 알게 된다. 애플리케이션 소프트웨어 개발업체에 매력적인 마이크로컴퓨터 플랫폼은 충분한 규모를 가진 두 가지 선택지, 바로 애플과 PC밖에 없었다. 결국 경쟁력 있는 애플리케이션의 부족으로 다른 플랫폼은 실패할 수밖에 없었다.

- **전환 비용.** 전환 비용에서도 도약 단계는 매우 중요하다. 첫째, 전환 비용은 고객을 먼저 확보하는 기업에 파워의 원천이 되며, 도약 과정에서 풍부한 고객 관계가 확립된다. 둘째, 도약기에 고객들은 공급 업

체를 찾기 위해 애쓰는 경우가 많다. 따라서 신규 고객으로부터 얻는 전환 비용의 가치를 상쇄할 가격 경쟁이 아직 일어나지 않는다.

파워의 발전:
도약

인텔이 보유한 파워의 원천은 모두 도약기에 뿌리를 두었다. 도약은 유리한 조건으로 차별화된 고객 확보가 이루어질 수 있는 단계이며, 따라서 이상적인 파워의 기회를 제공한다. 도약기는 변동성이 매우 크기 때문에 경쟁 아비트리지의 일반적인 지연이 불확실성 해결, 투명성 확보, 제품 조정, 역량 구축, 채널 확립, 효과적인 마케팅 등 결과에 중요한 영향을 미친다. 인텔의 경우에는 진압 작전이 파워에 결정적인 영향을 주었다. 그러나 성숙된 사업에서는 이리저리 움직이는 아비트리지의 한 부분에 불과했을 것이다.

이러한 도약기의 끝을 나타내는 성장률 기준 값은 얼마인가? 이는 변동성과 불확실성에 따라 달라지지만 내 경험에 비추어볼 때 연간 30~40퍼센트 수준인 것 같다. 이 수치에 따르면 PC 시장의 도약기는 8080과 더불어 1975년에 시작되어 1983년까지 이어진 것으로 볼 수 있다.

이러한 이해를 바탕으로 볼 때, 우리는 인텔이 가까스로 마지막 기회를 잡았음을 알 수 있다. 인텔은 중요한 시기에 경쟁자들로부터 벗어났다. 인텔이 진입하지 않은 채 PC 시장이 1~2년 먼저 발전했다면

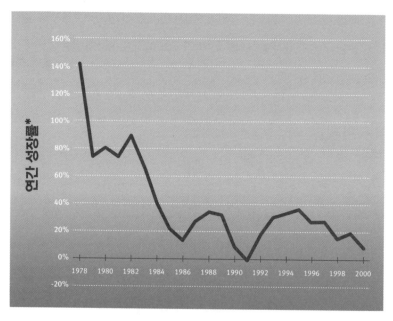

그림 9.2: 마이크로컴퓨터 출하량의 연간 성장률[110]

*3년 이동 평균

기회의 창은 분명 닫혔을 것이며, 그러한 상황을 벗어나는 것은 불가능했을 것이다. 인텔은 약간의 매출을 얻었겠지만 규모의 경제를 확립할 기회가 빠르게 사라짐에 따라 파워 확보의 가능성도 희미해졌을 것이다. 다시 말해, 다른 회사가 IBM 계약을 따냈다면 오늘날 우리가 아는 인텔은 존재하지 않았을 것이다.

　이러한 상황은 일반적인 형태의 거짓 양성false positive을 낳는다. 많은 경우 폭발적인 성장 단계에서 기업은 상당히 매력적인 재무 상태를 나타낼 것이다. 미래는 밝아 보이고, 장기적으로 성공이 확실한 것 같다. 하지만 안타깝게도, 파워를 확립하지 못한다면 그 기업은 성장이 둔화되는 즉시 경쟁 아비트리지에 따라잡힐 것이다. 기업의 펀더멘털이 고스란히 드러나고 양호했던 초기 수익이 일시적인 것으로 판명될 것이다. 전략가이자 가치 투자자로서 나는 CEO나 CFO가 유리한 조건을 지닌 경쟁자의 시장 진입이 '시장의 타당성을 입증한다'고 주장하며 그것을 반긴다고 말하는 것을 볼 때마다 거북하기 이를 데 없다. 1981년, IBM PC가 등장했을 때 애플은 무모하게도 〈월스트리트저널The Wall Street Journal〉에 "IBM, 진심으로 환영합니다.Welcome, IBM. Seriously"라는 대형 광고를 게재했다. 애플은 도약 단계에 파워를 달성하는 것이 어떤 의미를 갖는지 이해하지 못했다. 자신과 경쟁자는 상대적 규모를 두고 경쟁하고 있으며, 승자는 하나뿐이라는 사실을 알지 못했던 것이다.

인텔의 경험은 '언제?'에 대해 중요한 교훈을 전해준다. 바로 도약기가 특별한 시기에 해당한다는 점이다. 당신은 이를 이해해야만 중요한 세 가지 파워 유형(규모의 경제, 네트워크 경제, 전환 비용)을 확립할 수 있다. 그렇지 못하면 이러한 기회는 이후 영원히 사라진다.

파워 발전의
시계

파워 확립을 위한 도약의 중요성을 고려할 때, 파워 확보를 측정하기 위한 시계는 도약 전, 도약 중, 도약 후의 세 시기로 구분되어야 한다.

단계 1: 도약 전—발생. 기업이 매력적인 가치 임계점을 넘어서기 전, 매출이 빠르게 증가하는 시기에 나타난다. 마이크로프로세서의 경우, 인텔이 8080 출시까지 노력했던 기간을 포함해 비지컴 시기 전체가 발생 단계에 해당한다.

단계 2: 도약 중—도약. 폭발적인 성장이 이루어지는 시기다.

단계 3: 도약 후—안정. 비즈니스는 여전히 상당한 성장을 이어갈 수 있지만 성장세는 '폭발적인' 수준보다 둔화되며, 이를 구분하기에 적절한 기준 값은 연간 성장률 30~40퍼센트이다. 이보다 성장률이 높을 경우 시장은 2년 안에 2배로 확대되고 가치를 파괴하는 대응 조치가 없어도 시장 리더십이 교체될 만큼 충분히 유동적인 양상을 보이게 된다.

주의사항: 성장에 따른 분석에서 앞에 제시된 단계가 잘 알려진 제품 수명 주기 단계(도입, 성장, 성숙, 쇠퇴)와 일치한다는 인상을 주어서는 안 된다. 둘은 일치하지 않으며 그 차이는 매우 중요하다. 첫째, 앞에 설명된 세 단계는 산업 성장이 아닌 비즈니스 성장에 따라 정의되었다(부록 9.3 용어 정의 참고). 비즈니스 성장은 한 기업이 해당 비즈니스에서 직면하는 변동의 정도를 가장 잘 나타낸다. 둘째, 구분점이 전혀 다르다. 발생 단계는 익숙한 제품 수명 주기 단계보다 앞서 일어나며 오랫동안 매출이 없을 수도 있다. 반면 안정 단계는 상당한 성장이

특징으로 나타나며, 따라서 수명 주기 모델의 마지막 세 단계와 중복된다. 내 분석은 단계를 설명하기 위해 도약을 이용한다. 파워의 이용 가능성을 파악하고자 할 때, 이러한 분류는 매우 중요하다. 제품 수명 주기의 분류는 이 같은 목적에 적합하지 않을 것이다.

이를 염두에 두고, 이 장의 첫 머리에 제시된 문제를 살펴보자. '파워가 **언제** 확립되는지 의미 있게 일반화할 수 있는가?' 나는 제8장과 마찬가지로 파워 유형에 따라 다음과 같이 질문을 분석할 것이다. '각각의 파워는 발생, 도약, 안정 가운데 어느 단계에서 확립되어야 하는가?'

더 구체적으로 말하면, '언제 장벽을 세워야 하는가?'라는 질문이다. 파워는 이득과 장벽이 동시에 존재할 때 발생한다. 이 둘은 동역학에서 중요한 역할을 한다. 제8장에서는 이득을 형성하고 파워의 가능성을 구축하는 데 있어 발명의 중요한 역할을 설명했다. 하지만 이 책 전반에 걸쳐 논의했듯이 이득은 흔한 요소이며 아비트리지로 인해 일반적으로 쉽게 상쇄되기 때문에 대부분 기업 가치에 긍정적인 영향을 미치지 않는다. 가치 창출의 진정한 가능성은 그러한 아비트리지를 **방지할** 수 있는 드문 경우에서 비롯되며, 이는 장벽을 통해 달성된다. 따라서 파워의 결정적인 확보는 대체로 장벽 구축과 함께 이루어진다.

파워의 발전은 이러한 장벽이 구축되는 시기를 나타낸다. 앞서 논의된 인텔의 사례는 다음과 같다.

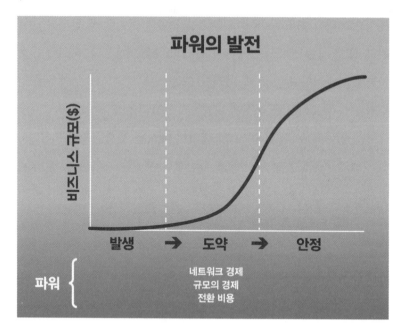

그림 9.3

파워의 발전은 유형별로 언제 파워가 **확립**되어야 하는지 보여준다. 이는 어느 시점에 창문이 열리는지 나타낸다. 인텔의 세 가지 파워 유형은 당연히 안정 단계까지 이어졌다. 인텔의 가치가 지속된 것은 바로 이 때문이다. 하지만 안정 단계에 도달할 때까지 인텔이 규모의 경제, 네트워크 경제, 전환 비용을 확립하지 못했다면 파워의 가능성은 영원히 사라졌을 것이다. 그리고 그들 역시 불과 몇 년 전 메모리 사업에서 인텔을 능가했던 일본의 거대 기업들을 비롯해 다른 반도체 회사들을 기다리는 가혹한 쳇바퀴 운명에 놓인 채 수익성 낮은 전자부품 회사가 되었을 것이다.

파워의 발전:
발생

이제 도약 전에 일어나는 발생 단계를 살펴보자. 일반적으로 이 기간에 가장 먼저 행사할 수 있게 되는 두 가지 파워 유형이 있다.

독점자원. 인텔의 마이크로프로세서 사업 성공에서 가장 중요한 단계는 비지컴에서 발명에 대한 권리를 되찾았을 때였다. 이는 인텔이 도약하기 3년 전의 일이었다. 인텔이 마이크로프로세서에 대한 권리를 다시 얻지 못했다면 다른 회사가 독점자원의 파워를 행사하여 인텔의 진입을 막았을 것이다.

인텔이 도약 전 독점자원을 확보한 사례는 또 있다. 바로 로버트 노이스, 고든 무어, 앤디 그로브의 강력한 3인 체제다. 아서 록은 인텔에서 노이스, 무어, 그로브 순으로 세 사람을 필요로 한다고 말했고, 자신의 말을 적극적으로 행동에 옮겼다. 그들이 없을 때에는 다른 리더나 관리자가 책임을 맡아 조치를 취할 수도 있었겠지만 세 사람이 없는 인텔의 성공은 상상하기 어렵다. 그들은 모두 기술적으로 매우 뛰어난 능력을 갖고 있었지만 각자 다른 두 사람에게 부족한 재능을 제공했다. 노이스의 통찰력 있는 리더십은 마이크로프로세서의 잠재력을 발견하고 그것을 뒷받침하는 데 필수적인 역할을 했다. 무어의 깊이 있는 과학적 역량은 반도체 생산 초기의 심각한 문제들을 해결하는 데 도움이 되었다. 그로브의 확고한 실행력은 그가 없있다면 딜성하지 못했을 수준의 탁월함으로 인텔을 이끌었다. 세 사람의 역량을 한 팀으로 기능하는 고위 경영진 그룹으로 모으는 것은 특히 스타트업에 매우 어려운 도전이었을 것이다.

사실, 도약 전 확보한 독점자원은 여러 중요한 변혁적 성공의 근간을 이룬다. 예를 들어, 제약 특허는 브랜드 제약 사업의 기반을 형성하고, 그러한 변혁적 성공은 수천억 달러의 주주가치를 창출한다. 높은 위험이 따르는 연구에 수십억을 쏟아붓는 업계의 의지 뒤에는 이러한 유형의 파워가 가져올 유망한 미래에 대한 기대가 깔려 있다.[111]

카운터 포지셔닝. 카운터 포지셔닝은 기존 기업에 '해도 망하고 안 해도 망하는' 성가신 막다른 골목을 야기하는 매력적인 비즈니스 모델의 발명을 필요로 한다. 도전 기업에 도약의 기회를 만들어주는 것은 바로 이러한 비즈니스 모델의 종합적인 결과물이다. 따라서 도약 전 발생 단계에서 그러한 발명이 일어나야 한다.

카운터 포지셔닝과 독점자원은 발생 단계에서 확립될 가능성이 가장 높다. 이 두 가지는 아주 훌륭하고 오래 지속되는 파워 유형이다. 제대로 실행하기만 하면 일찌감치 '파워에 이르는 길'을 선점할 수 있기 때문이다. 두 가지 파워를 나타낸 그림 9.4를 보자.

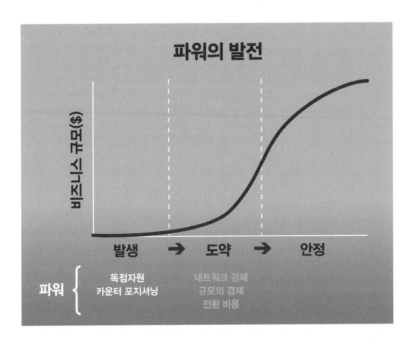

그림 9.4

파워의 발전:
안정

마지막으로, 안정 단계에 확립될 가능성이 높은 두 가지 파워 유형이
있다.

> 프로세스 파워. 프로세스 파워는 어떤 기업이 오랜 시간에 걸쳐 상당
> 히 우수하고 경쟁 기업이 쉽게 모방할 수 없는 내부 프로세스를 개발
> 할 때 발생한다. 일반적으로 프로세스 파워는 안정 단계에서만 도움
> 이 된다. 왜 그런가? 회사가 충분히 확장되고 오랜 기간 운영되어야만

빠르게 모방할 수 없는 복잡하고 이해하기 힘든 프로세스를 발전시킬 수 있기 때문이다.[112]

브랜딩. 브랜딩이 결합되면 중요한 장벽은 하나밖에 없다. 바로 도전 기업이 모방 과정에서 마주할 오랜 시간과 불확실성이다. 수십 년 동안 신중하게 품질과 배타성을 발전시켜온 에르메스Hermès를 상대로 신규 업체가 직면할 가파른 경사를 생각해보라. 이 긴 여정이 근본적인 특성을 나타내기 때문에 브랜딩을 확립할 기회는 안정 단계에 있을 수밖에 없다. 그 전에는 브랜딩에 필요한 요소들을 신중하게 개발할 시간이 충분하지 않다.

당신은 발생 단계에 브랜딩 기회가 있다고 생각할지도 모른다. 기존 브랜드를 완전히 새로운 사업영역으로 변화시킬 계획을 고려하고 있는가? 당신은 브랜드의 평판이 처음부터 상당한 가격 결정력을 제공할 수 있다고 합리적으로 가정할 것이다. 그러나 이것은 가능하지만 드문 경우라는 것에 주의해야 한다. 에르메스 코냑이나 포르쉐 선글라스 같은 실패 사례를 생각해보라. 가장 주목할 만한 예외는 디즈니의 테마파크 진출일 것이다. 그러나 다시 말하지만 그런 경우는 매우 드물다.

이제 파워의 발전이 도표에 모두 정리되었다. 이것은 '각각의 파워는 언제 처음 발휘될 수 있는가?'라는 질문에 답을 준다. 또한 당신이 파워를 탐색할 때 현재의 사업 성장 단계에 맞는 유형들로만 빠르게

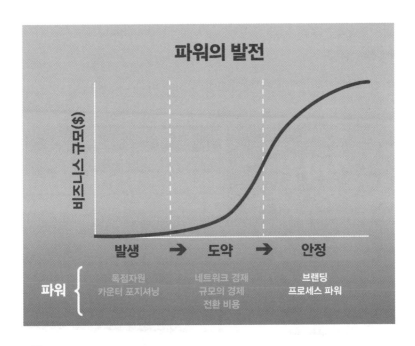

그림 9.5

범위를 좁혀주기 때문에 강력한 속기법이라 할 수 있다.

파워의 발전은 동역학을 다루기에 앞서 정역학을 이해하기 위한 포터 교수의 통찰에 탄탄한 예시를 제공한다. 전략적 창문이 언제 열리는가 하는 중요한 질문은 각 파워 유형별로 살펴보아야만 의미 있는 답을 얻을 수 있으며, 개별 파워 유형은 정역학을 통해 드러난다.

네 가지 장벽의
시기적 특성

이제 앞에서 정리했던 7파워 도표를 시기에 따라 나타내보자.

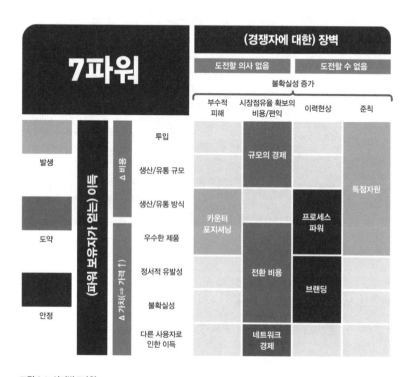

그림 9.6: 시기별 7파워

이 도표는 동역학의 또 다른 통찰을 보여준다. 바로 일반적인 네 가지 장벽이 단계에 따라 다르다는 점이다. 이러한 결과는 장벽의 본질적 특성에서 비롯된다.

- **이력현상.** 여기서 장벽은 모든 업체에서 직면하는 구조적 시간 상수다. 따라서 이력현상에 의존하는 모든 파워는 안정 단계에서만 발휘될 수 있다. 도약 단계는 상대적으로 짧아 이득을 쌓을 만큼 충분한 시간을 제공하지 못하며 시간 상수에 의해 제한되기 때문이다.

- **부수적 피해.** 기존 기업에 부수적 피해의 위협을 가하는 것은 도전 기업의 비즈니스 모델이 지닌 경제 여건이다. 이러한 비즈니스 모델의 시작은 도전 기업을 순조롭게 출발시키는 요인이므로 발생 단계에서 일어나야 한다.

- **준칙.** 여기서 핵심 이슈는 준칙으로 보호된 '권리'에 적정 가격이 책정되는지 여부다. 독점자원을 수반한 사업 제안이 도약 기간 동안 발전함에 따라, 자원의 가치는 더욱 널리 알려지게 되어 지나치게 저평가될 가능성이 상당히 감소한다. 그러나 독점자원으로 적합하려면 창출되는 가치보다 가격이 낮게 정해져야 한다.

- **시장점유율 확보 비용.** 발생 단계에서는 판매가 아직 구체화되지 않았기 때문에 시장점유율 확보라는 개념이 아무 의미도 없다. 도약 단계에서는 채널 지위, 제품 특성, 커뮤니케이션 접근 방식, 위치, 생산 제약 등 어떤 기업이 가장 빨리 규모를 확대할 수 있는지 결정하는 많은 요인이 존재한다. 그 결과 일반적으로 점유율의 '대가'가 점유율 확보를 통해 얻을 수 있는 장기적인 내재 가치를 반영하지 않는다. 안정 단

계에 도달하면 가장 효과적인 양식이 더욱 잘 알려지고 모든 업체가 그러한 양식을 적용할 수 있게 된다. 여기서 고객의 초점은 '내가 그것을 얻을 수 있는가?'에서 '가장 좋은 거래는 무엇인가?'로 바뀐다. 이러한 상황에서 각 업체는 점유율의 가치를 이해하고 점유율 확보 싸움을 벌이며 가치를 상쇄시킬 것이다. 따라서 매력적인 조건으로 점유율을 확보할 수 있는 시기는 일반적으로 도약 단계뿐이다. 그렇지 않으면 너무 비싼 대가를 치러야 한다.

파워의 발전
-데이터(파워 유형의 빈도 히스토그램)

지금까지 사례와 이론에 의존하여 파워의 발전을 설명했다. 실증적 검증을 위해 나는 스탠퍼드대학 경제학과에서 비즈니스 전략을 가르쳤던 지난 7년 동안 내 학생들이 연구했던 결과를 살펴보았다. 그리고 연구팀과 함께 학생들의 모든 연구 논문에서 파워의 사례를 검토하여 어떤 단계에서 어떤 파워가 먼저 발생했는지 확인했다. 다음의 빈도 히스토그램은 그 결과를 보여준다.

이 히스토그램은 앞서 살펴본 파워의 단계를 강력히 뒷받침한다. 예외 사례도 있지만 대체로 파워의 발전은 다음과 같이 이루어진다.

- 발생: 카운터 포지셔닝, 독점자원
- 도약: 규모의 경제, 네트워크 경제, 전환 비용

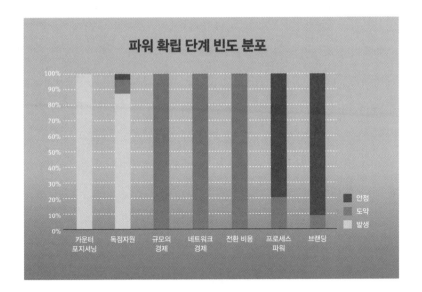

그림 9.7

• 안정: 프로세스 파워, 브랜딩

정역학과 동역학의 차이

정역학에서 동역학으로 넘어가면 범위가 상당히 넓어진다. 상위 수준에서는 전략의 본질에 대한 기본 방정식에서 그러한 차이를 볼 수 있다.

$$가치 = M_0 \, g \, \overline{s} \, \overline{m}$$

정역학은 파워에만 관심을 둔다. 따라서 마지막 두 항(시장점유율 $\bar{s}$, 차별적 이익 $\overline{m}$)만을 다루며 특히 $\overline{m}$에 주로 초점을 맞춘다. 반면 동역학에서는 기업이 시장 규모를 결정하는 두 항 모두에 깊은 영향을 미칠 수 있다(현재 시장 규모 M_0, 할인된 성장 요인 g). 예를 들어 매력적인 가치 창출은 시장 창출과 밀접한 관련이 있다. 경제학 전문 용어로 표현하면, 정역학에서는 M_0과 g가 외생 변수로 여겨지는 반면 동역학에서는 내생 변수로 여겨진다.

이러한 범위 확대는 여러 세부 사항에도 마찬가지로 적용된다. 그중 가장 중요한 사항은 탁월한 운영이다. 정역학에 대한 논의에서 나는 어째서 탁월한 운영은 전략이 아닌지 설명했다. 탁월한 운영은 모방할 수 있으며 따라서 경쟁 아비트리지의 대상이 되기 때문이다. 변동성이 크고 기간이 짧은 도약 단계에는 충분히 시기적절한 모방이 덜 일어나게 되고 뛰어난 실행이 매우 전략적일 수 있다.

예를 들어, 애플의 행보를 생각해보자. 애플2는 1977년 출시되었고 비지칼크VisicCalc 소프트웨어와 함께 급격히 상승하며 확고한 위치를 점하는 듯 보였다. 후속 모델인 애플3는 IBM PC보다 15개월 앞선 1980년 5월 19일에 출시되었다. 안타깝게도 애플3는 실패작이었고 꽤 괜찮은 성능을 보유했음에도 불구하고 계속해서 문제가 발생했다. 완성되지 않은 회로판 기술을 이용해 만들어지면서 그로 인해 처음부터 합선 문제가 생겼던 것이다. 한때 애플은 분리된 칩을 다시 장착하기 위해 3인치 높이에서 컴퓨터를 떨어뜨리라는 기술 공지를 발표하기도 했다. 설상가상으로 애플3는 기본 사양의 가격이 4000달러를 넘었고 풀옵션 모델이 8000달러에 육박해 가격마저 매우 비쌌다. 불과 1년 뒤, IBM PC는 1600달러에 판매되었다.

애플3는 기존의 주력 제품이 애플을 거의 따라갈 수 없는 발군의 위치에 올려놓았던 바로 그 순간 크게 실패하고 말았다. 그뿐만이 아니었다. OS를 통제한 이후 애플의 마이크로컴퓨터 사업은 강력한 파워를 지닌 사업이 될 수 있었다. 그러나 그 사업은 결코 회복되지 못했다. 도약 기간에 저지른 실수 때문이었다. 한동안 애플은 꽤 괜찮은 사업을 유지했고 혁신적인 리더의 자리를 유지했다. 그러나 이러한 실패로 인해 개인용 컴퓨터 시장에서 점유율이 계속 하락하면서, 결국 부활한 스티브 잡스의 천재성에 의해서만 되돌릴 수 있었던 사망 직전의 경험까지 내몰렸다.

탁월한 운영은 매우 중요하며, 이것을 갖추지 못했던 애플은 거듭된 실패를 겪었다. 인텔의 마이크로프로세서 사업은 애플과 정반대였다. 진압 작전이 아니었다면 인텔은 IBM PC의 기회와 이를 통해 절대적인 규모의 우위를 달성할 기회를 놓쳤을 것이다.

진압 작전은 정역학 관점과 동역학 관점 사이의 또 다른 차이를 보여준다. 바로 리더십의 역할이다. 가치 투자자로서 나는 워런 버핏을 내 영웅들 중 한 명이라고 생각한다. 앞서 나는 훌륭한 경영자가 불리한 사업(즉 파워가 없는 사업)의 흐름을 좀처럼 뒤집을 수 없다는 그의 통찰을 언급했다. 나는 버핏의 격언이 그대로 펼쳐지는 모습, 다시 말해 비즈니스 리더들이 불가능해 보이는 상황에 직면해 형편없는 경영 능력으로 비난받는 모습을 언론에서 서늘 모아왔다. 이후, 트위터Twitter, 징가Zynga 등이 떠오른다. 그러니까 처음에 파워를 확립할 때 실수를 저지르지 말아야 한다. 리더십이 근본임을 잊지 말아야 하는 것이다. 앤디 그로브의 확고하고 적극적인 리더십이 없었다면 진압 작전은 이루어지지 않았을 것이다. 더 거슬러 올라가 로버트 노이스의 리더십이 없었다면 인텔은 마이크로프로세서 사업을 추진하지 않았을 것이다.

요컨대, 처음에 어떻게 파워가 확립되는지 한 걸음 물러나 생각해보면 훨씬 더 많은 퍼즐 조각이 있음을 알게 된다. 리더십, 시기, 실행, 영리함, 행운 등 모든 요소가 결정적인 역할을 할 수 있다.

결론:
전략 나침반과 7파워

이 책을 통해 강조했듯이 전략의 본질이 추구하는 가장 중요한 목적은 실시간 전략 나침반 역할을 하는 것이다. 이러한 역할을 수행하기 위해서는 전략의 본질이 단순하되 지나치게 단순화하지 않은 프레임워크로 정제되어야 한다.

제1장~제7장에서는 7파워를 하나씩 살펴보았다. 이것은 당신의 전략 나침반이다. 이어서 제8장과 제9장에서는 당신이 나침반을 들고 항해하는 지역을 명확히 밝히기 위해 '무엇?'과 '언제?'에 대해 설명했다.

당신은 이제 이러한 아이디어들을 도구로 이용해 다음의 만트라를 충족하는 당신만의 길을 개척할 준비가 완벽하게 되었다.

의미 있는 시장에서 파워를 유지하는 방법

이것이 전략의 의미이며 성공하기 위해 달성해야 하는 조건이다.

부록 9.1:
파워 동역학의 도구

내가 개발한, 전략의 본질에 대한 지적 자본의 본체를 파워 동역학이라고 부른다. 7파워는 파워 동역학의 중추적인 통합 프레임워크다. 파워 동역학은 일곱 가지 관점을 토대로 확립되어 긴밀하게 연계되어 있다.

1. 가치의 공리. 전략의 본질은 단 하나의 목적을 가진다. 바로 근본적인 잠재 비즈니스 가치를 극대화하는 것이다.

   해설. 이것은 증거가 아니라 가정이다. 내 경험상, 전략의 본질과 전략의 범위를 이렇게 제한하는 것은 학문의 유용성에 매우 긍정적인 영향을 준다. 여기서 비즈니스 가치는 투기적 가치가 아닌 근본적 가치이며, 더 나아가 잠재 가치임을 주의하라. 그러한 가치를 실현하기 위해서는 탁월한 운영이 필요하다.

2. 3S. 파워, 즉 지속적이고 차별적인 수익을 창출하기 위한 잠재력은 가치 창출의 열쇠다. 파워는 다음과 같은 비즈니스 특성이 동시에 충족될 때 형성된다.

- 우수성Superior — 잉여현금 흐름이 개선되어야 한다.
- 중요성Significant — 현금 흐름 개선이 실질적으로 중요해야 한다.
- 지속가능성Sustainable — 개선 사항이 대체로 경쟁 아비트리지의 영향을

받지 않아야 한다.

해설. 이 책에서 나는 3S에 일대일로 대응되는 이득과 장벽에 초점을 두었다(우수성+중요성=이득, 지속가능성=장벽). 그러나 현장에서는 파워를 3S 항목으로 평가하는 것이 특히 더 유용한 것으로 나타났다. '중요성'이 별도 기준으로 평가되어 명확히 드러나기 때문이다. 예를 들어, 네트워크 효과를 내세우는 비즈니스들을 자세히 살펴보면 중요성이 결여되어 파워로 적합하지 않은 경우가 많다.

3. 전략의 본질에 대한 기본 방정식. 가치=$\mathbf{M_0}\, \boldsymbol{g}\, \bar{\boldsymbol{s}}\, \bar{\boldsymbol{m}}$

해설. 이 방정식을 해석하면, 가치는 시장 규모와 파워에 의해 결정된다(가치=시장 규모*파워). M_0은 현재 시장 규모, g는 할인된 시장 성장 요인, $\bar{s}$는 장기 평균 시장점유율, $\bar{m}$은 장기 평균 차별적 마진(자본 비용을 초과하는 순이익률)이다. 전략의 본질 개념을 잉여현금 흐름의 순현재가치를 결정하는 요인과 명확히 연결하는 것은 전략의 본질과 가치의 관계에 대한 여러 가지 모호한 생각을 잠재운다. 이는 내가 주식 투자자로 활동하는 데에도 도움이 되었다. 여기서 $\bar{s}$와 $\bar{m}$은 장기 균형 값이라는 점이 중요하다. 단기적인 움직임은 근본적 가치에 거의 영향을 미치지 않는다.

4. 만트라. 의미 있는 시장에서 파워를 유지하는 빙빕.

해설. 이 책에서 한 구절만 뽑아야 한다면 이 문장이 되기를 바란다. 이 문장은 전략의 요소를 완벽히 담고 있다. 또한 전략의 본질에 대한 기본 방정식과 직접적으로 연결되며 동역학을 포괄한다. 파워가 지속가능성을 의미함에도 불구하고 '유지'라는 단어가 포함된 것은 비즈니스가 발전함에 따라 파워의 다양한 원천을 계속해서 층층이 쌓아가도록 권장하기 위해서다.

5. 7파워.

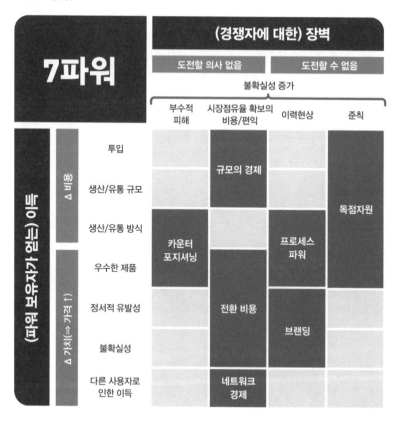

해설. 내가 아는 한 이 도표에 배치된 일곱 가지 파워 유형은 회사에서 사용할 수 있는 유일한 전략이다. 각 경쟁자(현재 및 잠재 경쟁자, 직접적 및 기능적 경쟁자)에 대해 이들 중 최소한 한 가지 유형을 보유하고 있지 않다면 당신은 만트라를 충족할 수 없으며, 따라서 실행 가능한 전략이 없는 상태일 것이다. 그동안 내가 연구해온 200건 이상의 전략 사례는 일곱 가지 유형으로 충분했다. 내 학생들이 연구한 200건 이상의 다른 사례 역시 마찬가지다.

이러한 포괄성 외에도 7파워의 두 가지 특성은 유용성을 향상시킨다.

　　a. **소규모 테스트.** 당신에게 가장 중요한 전략적 질문은 두 가지다. (1) "현재 어떤 유형의 파워를 갖고 있는가?" (2) "현재 어떤 유형의 파워 확립을 고민해야 하는가?" 7파워는 (1)번 질문에 대한 가능성이 일곱 가지밖에 없으며 당신이 몇 가지를 빠르게 배제할 수 있음을 알려준다. 파워의 발전은 어떤 성장 단계에서든 당신이 탐색해야 할 새로운 파워 유형이 최대 세 가지임을 알려준다. 이렇게 초점을 맞추는 것은 매우 유용하다. 일곱 가지 중 어느 한 가지에 도달하는 방법을 알 수 없다면 당신의 전략 문제는 아직 해결된 것이 아니다.

　　b. **사전 관찰.** 파워 유형들의 잠재력은 일반적으로 상세한 예측이 가능하기 훨씬 전에 분명하게 나타난다. 나는 실리콘밸리의 초기 단계 회사들 및 새로운 방향을 고려하는 성숙 단계 회사들

과 일하며 매우 이른 단계에서 파워의 잠재력에 대한 의미 있는 대화가 가능하다는 것을 발견했다.[113] 내 투자 결과 또한 이러한 **사전적** 투명성을 보여준다.

6. '나도'는 안 된다. 전략의 첫 번째 원인은 발명이다.

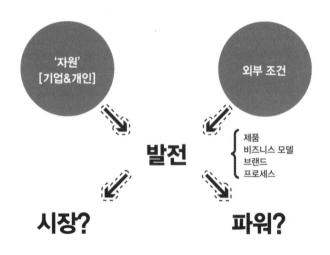

해설. 가치의 구조적 변화는 받아들일 만한 수준의 확실성이 있는 상태에서 파워가 처음 확립될 때 일어난다. 일곱 가지 파워 유형을 살펴보면 여기에는 제품, 비즈니스 모델, 프로세스, 브랜드 등의 발명이 항상 수반된다는 것을 알 수 있다. 결국 그러한 발명은 특징, 가격, 신뢰성 등 제품의 속성으로 표현되는 이득으로 이어진다. '꼭 사야 해'라는 반응을 이끌어내는 '매력적인 가치'는 보통 그러한 이득이 충분함을 나타내는 표시다. 매력적인 가치를 달성하는 방법은 역량 주도, 고

객 주도, 경쟁자 주도의 세 가지가 있다. 각각의 방법은 뚜렷하게 다른 전술적 요구를 나타낸다.

나는 이러한 관계에 복지 측면의 중요한 의미도 있다고 생각한다. 발명은 파워에 이르는 관문이며 파워(그리고 파워와 관련된 지속적인 성공)의 가능성은 발명의 원동력이기도 하다. 예를 들어, 파워의 가능성이 전혀 없었다면 실리콘밸리가 탄생하지 못했을 것이다. 따라서 정역학 관점에서 보면 파워의 추구는 소비자에게 흘러가는 이익을 가로막는 제로섬 게임처럼 보일 것이다. 하지만 동역학 관점에서 보면 발명의 중요한 동기 요인은 바로 파워의 가능성이다. 발명품은 고객이 모여들 때에만 견인력을 얻는다. 이러한 반응은 고객의 복지가 높아지는 것을 확실히 보여주는 표시다. 고객은 마음에 들지 않으면 발걸음을 돌리기 때문이다. 이 같은 동역학 관점은 정책 입안자에게도 자극제가 되어야 한다.

7. 파워의 발전

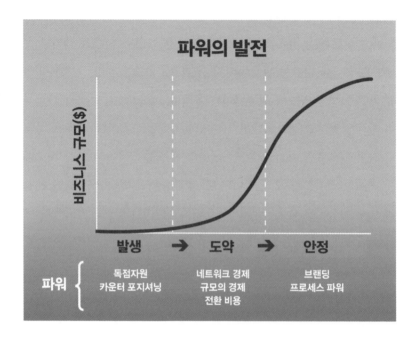

파워의 발전

비즈니스 규모($)

| 발생 | → | 도약 | → | 안정 |

파워 {
독점자원
카운터 포지셔닝

네트워크 경제
규모의 경제
전환 비용

브랜딩
프로세스 파워

해설. 각각의 파워 유형은 비즈니스 발전 단계별로 처음 장벽을 구축할 기회를 나타낸다. 이 창문이 언제 열리고 닫히는지 아는 것은 그 기회를 알아보고 붙잡는 데 매우 중요하다. 도약과 안정의 구분점은 단위 성장률이 연간 약 30~40퍼센트 아래로 떨어질 때이다. 이것은 비즈니스 단계를 나타내는 프레임워크이며, 전혀 다른 단계 구분점을 갖고 있는 제품 수명 주기 단계(도입, 성장, 성숙, 쇠퇴)와 혼동하지 말아야 한다. 발생 단계는 수명 주기 모델에서 다루지 않는 제품 기획pre-product 기간을 포함할 수 있으며, 수명 주기 모델의 성장 단계는 파워 발전의 도약 단계와 안정 단계 일부를 포함한다. 이러한 차이는 파워의 유효성을 평가할 때 매우 중요하다.

부록 9.2:
파워 동역학의 도구들과 그 관계에 대한 그래픽

가치

탁월한 운영 · 파워 · 시장 규모

3S: 이득 + 장벽

정역학 – 그곳에 있는 것

7파워			(경쟁자에 대한) 장벽				
			도전할 의사 없음		도전할 수 없음		
				불확실성 증가			
			부수적 피해	시장점유율 확보의 비용/편익	이력현상	준칙	
(파워 보유자가 얻는) 이득	△ 비용	투입					독점자원
		생산/유통 규모		규모의 경제			
		생산/유통 방식	카운터 포지셔닝		프로세스 파워		
	△ 가치(⇒ 가격 ↑)	우수한 제품					
		정서적 유발성		전환 비용			
		불확실성			브랜딩		
		다른 사용자로 인한 이득		네트워크 경제			

자사 역량

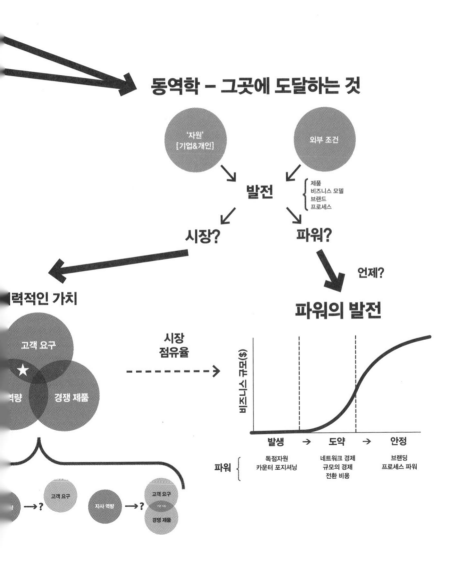

부록 9.3:
파워 동역학 용어 설명

용어	설명
전략의 본질 Strategy	전략의 본질은 때때로 전략 경영 Strategic Management이라고 불리는 학문 분야다. 나는 이것을 잠재 비즈니스 가치를 결정하는 근본 요인에 대한 연구라고 정의한다.
파워	지속적이고 차별적인 수익을 얻기 위해 필요한 조건의 집합. 파워는 이득과 장벽을 모두 갖추어야 한다. 이득은 실질적으로 현금 흐름을 증가시키는 조건이며, 장벽은 이득을 통해 기업이 얻는 모든 가치가 경쟁 아비트리지에 의해 상쇄되지 않도록 만드는 조건이다.
전략 strategy	전략은 전략적으로 분리된 사업영역에서 잠재 가치를 창출하는 방법이다. 나는 이것을 의미 있는 시장에서 파워를 유지하는 방법이라고 정의한다.
가치	어떤 활동에서 비롯되는 근본적인 기업 가치. 가치는 소유자에게 이용할 수 있는 수익을 창출해줌으로써 사후적으로 반영된다(잉여현금 흐름). 사전적 가치를 결정하는 것은 시간에 따라 할인된 이러한 수익 흐름에 대한 투자자들의 기대다.
전략 동역학	시간 경과에 따른 전략 개발에 대한 연구.
전략 정역학	한 시점에서의 전략적 위치에 대한 연구.
산업	제품의 대체 가능성이 높은 사업영역의 집단.
비즈니스	전략적으로 분리된 경제 활동. 전략적으로 분리되었다는 것은 어떤 비즈니스의 파워 지위가 기업이 추구하는 다른 활동들의 파워 지위와 대체로 독립적이라는 것을 의미한다.
시장	한 산업에 속한 모든 기업에서 기인하는 매출.
산업 경제구조	특정 산업의 경제구조. 예를 들어, 고정비 중심의 규모의 경제가 있는 경우 산업 경제구조는 회사의 종합적인 재무 수치 대비 고정비의 규모로 측정된다.
경쟁 지위	파워와 관련된 측정 기준으로 나타낸 한 기업의 지위 특성. 예를 들어, 규모의 경제에서 경쟁 지위는 가장 큰 경쟁 기업과 비교한 상대적 규모다.

용어	설명
선두기업 잉여 마진	파워가 없는 경쟁 기업의 이익을 0으로 만드는 가격이 책정될 때 파워 보유 기업이 얻게 될 이익. 이는 반드시 예상된 균형은 아니지만 파워 보유 기업이 가진 레버리지를 보여주는 좋은 지표다. 경쟁 아비트리지로 인해 파워가 없는 기업의 수입이 자본 비용과 동일하고 파워 보유 기업의 자본 비용이 파워가 없는 기업의 자본 비용과 동일할 때, 선두기업 잉여 마진은 전략의 본질에 대한 기본 방정식에서 $\overline{m}$과 같다.

감사의 글

이 책에는 내가 수십 년 동안 컨설팅, 투자, 강의를 하며 전략의 본질에 대해 배웠던 내용들이 압축되어 있다. 수년 동안 나는 여러 분야의 훌륭한 분과 교류하며 도움을 얻었다. 일일이 열거하기 어려울 만큼 많은 분 가운데 일부만 언급하는 것에 대해 양해를 부탁드린다.

먼저 이 프로젝트를 함께한 스탠퍼드대학의 동료 파이링 인Pai-Ling Yin에게 감사드린다. 파이링은 매우 사려 깊은 전략학자이며, 그녀와 나눈 여러 흥미로운 대화는 내 생각을 크게 발전시켰다. 일찍이 그녀는 이 책의 공동 저자로 참여하는 데 동의하고 세 개 장의 초안을 작성하기도 했다. 안타깝게도 업무상의 이유로 이 프로젝트를 그만둘 수밖에 없었지만 그녀가 제시한 많은 통찰은 여전히 남아 있다.

편집자 블레어 크로버Blair Kroeber는 모든 과정을 나와 함께했다. 이 책에서 그가 신중히 검토하지 않은 문단은 단 하나도 없다. 그와 함께

일하는 것은 언제나 즐거웠고, 그는 내 의견과 논리를 지키면서 단조로운 글을 품위 있고 세련되게 다듬는 뛰어난 능력을 보여주었다. 그의 도움이 없었다면 이 책은 전혀 다른 책이 되었을 것이다.

나는 수년 동안 서비스를 제공한 수많은 컨설팅 고객에게 지적인 면에서 빚을 지고 있다. 그들이 제기한 문제들은 내가 전략의 본질을 이해하는 데 기초가 되었다. 수십 년 동안 컨설팅을 하면서 유난히 내게 좋은 자극이 되고 마음이 통하는 사람으로 기억되는 이들이 있다. 핑커턴Pinkerton의 데니스 브라운Denis Brown, 존핸콕John Hancock의 데릭 칠버스Derek Chilvers, 어도비의 브루스 치즌Bruce Chizen과 브라이언 램킨Bryan Lamkin, 갈릴레오 일렉트로옵틱Galileo Electro-Optics의 빌 핸리Bill Hanley, 넷플릭스의 리드 헤이스팅스, 멘토 그래픽스Mentor Graphics의 그레그 힌클리Greg Hinckley, 휴렛팩커드의 존 마이어스John Meyers, 마켐Markem의 짐 퍼트넘Jim Putnam, 레이켐Raychem의 마크 톰슨Mark Thompson, 사우스월 테크놀로지Southwall Technologies의 밥 윌슨Bob Wilson이다. 이들과 일하는 것은 큰 즐거움이었다. 그들의 현장 경험과 문제를 면밀히 파헤치는 뛰어난 지적 능력 덕분에, 나는 그들이 없었다면 불가능했을 방식으로 생각을 집중할 수 있었다.

스탠퍼드의 뛰어난 여러 제자가 보여준 명민함, 노력, 열정은 내게 지속적인 영감을 주었다. 특히 독점자원에 대해 면밀히 분석해준 데이비드 슈David Sheu에게 감사를 전한다. 전략이라는 복잡한 학문을 학생들에게 전달하는 어려운 도전을 통해 나는 여러 개념을 상당히 예리하게 다듬을 수 있었다. 또한 많은 학생이 이 책과 관련된 주제로 내가 구성한 연구팀에 참여했다. 그들의 노력은 이 책에 제시된 많은 내용에 실질적으로 기여했다. 그들의 선생님이 되는 것은 매우 큰 기쁨이었다.

스탠퍼드대학 경제학과에서도 지원을 아끼지 않았다. 유능한 동료 교수들과 달리 나는 학계에서 일반적으로 여기는 경제학자의 길을 따르지 않았다. 그럼에도 불구하고 경제학과에서는 내 수업을 공개적으로 환영했고, 나는 내가 생각한 대로 자유롭게 학생들을 가르칠 수 있었다. 스탠퍼드대학에 나를 소개해준 예일대학 친구 존 쇼벤John Shoven에게 특별히 감사를 전하고 싶다. 존은 얼마 전 스탠퍼드 경제정책연구소장에서 물러났으나 그의 리더십은 그곳에 심오한 유산을 남겼다. 내가 스탠퍼드에서 처음 강의를 시작했을 때 학과장이었던 래리 굴더Larry Goulder에게도 감사를 전한다. 래리는 내 접근법에 대한 사려 깊은 지원과 열린 마음으로 순조로운 출발을 도와주었다.

운 좋게도 나는 대학원을 졸업하자마자 베인앤드컴퍼니에서 일하게 되었고, 그곳에서 전략에 대한 평생의 열정을 불태우기 시작했다. 요즘에는 경제학 박사에게 이러한 경력이 그리 드물지 않지만 당시에는 완전히 새로운 길이었다. 빌 베인은 내게 기대를 걸었고, 그 점에서 나는 그에게 영원히 빚을 지고 있다. 첫 면접에서 내가 다른 면접관들에게 들었던 우려, 즉 MBA를 밟지 않은 것에 대해 그와 논의했을 때, 그는 이렇게 말했다. "걱정 마세요. 저도 MBA 학위가 없습니다." 베인앤드컴퍼니는 내가 일하기에 완벽한 곳이었다. 예리한 동료들 사이에서 경험 많은 선배들의 안내를 받으며 나는 흥미로운 문제들에 계속 몰입할 수 있었다. 현재 내가 운영하는 스트레티지 캐피털Strategy Capital

의 파트너인 존 러더퍼드John Rutherford는 베인앤드컴퍼니에서 일하던 시절 특히 친절하게 나를 이끌어주었다.

예일대학은 세계적인 수준의 경제학과가 있는 곳이며, 매우 인간적이고 따뜻한 기관이다. 그곳에서 나는 빌 파커Bill Parker를 친구이자 멘토, 논문 위원회 위원장으로 삼는 특권을 누렸다. 빌은 진심 어린 인본주의자였고 날카롭게 풍자할 줄 아는 재치를 지닌 사람이었다. 빌 파커 주변의 거만한 자들에게 하늘의 가호가 있기를! 내가 예일대학 첫 학기에 미시경제이론을 들었던 빌 브레이너드Bill Brainard 교수에게도 감사드린다. 그의 탁월함과 설득력 있는 가르침은 당시 내게 영감을 주었고, 비록 지금은 유테 헤시안 행렬에 대해 희미한 기억밖에 없지만 그에게 받은 영감은 여전히 남아 있다.

이 책은 친절하게 내용을 살펴보고 의견을 제시해준 많은 독자 덕분에 이만큼 개선될 수 있었다. 카운터 포지셔닝 부분을 검토해준 블레이크 그로스먼Blake Grossman(바클리Barclays 글로벌 투자사의 전 CEO)과 마이크 레이섬Mike Latham(아이셰어스iShares의 전 COO), 전환 비용 부분을 검토해준 제프 엡스타인Jeff Epstein(오라클Oracle의 전 CFO), 제8장의 부록을 검토해준 래리 틴트Larry Tint(퀀털 인터내셔널Quantal International의 회장), 독점자원의 내용을 검토해준 피트 닥터(픽사의 영화감독), 인텔의 내용을 검토해준 월리 라인스Wally Rhines(멘토 그래픽스의 CEO)와 빌 미첼(스핀오프 앤드 리오거나이제이션 펀드Spinoff & Reorg Fund의 포트폴리오 매니저), 서문을 작성해준 리드 헤이스팅스(넷플릭스의 CEO), 책 전반에 대한 의견을 제시해준 대프니 콜러Daphne Koller(코세라Coursera의 공동 설립자이자 전 사장)에게 감사드린다. 내가 저질렀을지도 모르는 오류들은 그들의 책임이 아니며, 그들의 통찰은 이 책의 내용을 더욱 향상시켰다.

이 책이 나오기까지 뛰어난 제작팀이 함께했다. 전체 레이아웃을 담당한 1106 디자인, 교정을 담당한 레베카 블룸Rebecca Bloom, 표지 디자인과 웹 레이아웃을 담당한 아이린 영Irene Young, 조판을 담당한 캐서린 에버스Katherine Evers(스탠퍼드 제자 중 한 명)에게 감사드린다. 그들은 책을 준비하는 오랜 기간 동안 우아하고 전문성 있게 맡은 역할을 수행해주었다.

이 책을 내 가족에 대한 헌정으로 시작한 만큼 마무리 또한 가족에 대한 감사로 맺고자 한다. 먼저, 아내 라일라는 내가 컨설팅 회사를 설립했던 어려운 시기에 끊임없이 나를 격려해주었고, 전략의 본질 개념을 발전시키려는 한결같은 헌신을 전적으로 지지해주었다. 휴가를 계획할 때면 그녀는 내가 생각할 수 있는 조용한 공간이 포함된 장소인지 늘 확인했고, 우리는 그렇지 않은 곳에서 휴가를 보낸 적이 한 번도 없었다. 사실 나는 멕시코의 조용한 해변에서 7파워를 구상했다! 세 아이들 역시 실질적인 도움을 주었다. 딸 마거릿은 책 전반의 시각 자료를 날카로운 눈으로 살펴보며 미학적 통찰을 더했고, 아들 에드먼드는 그래픽에 대한 조언과 부제에 대한 의견을 제시했다. 아들 앤드루는 전체 원고를 주의 깊게 읽으며 수많은 오타를 찾아주었고 여러 부분에서 추론을 다듬는 데 도움을 주었다. 가족의 사랑과 지원은 내게 큰 축복이었다.

참고문헌

학계에서는 전략 경영이라고 불리는 전략의 본질에 대해 훌륭한 연구가 많이 이루어져왔다. 그러한 자료를 살펴보고 싶다면 다음의 참고문헌들이 좋은 출발점이 될 것이다.

1. http://global.oup.com/uk/orc/busecon/business/haberberg_rieple/01student/bibliography/#m
2. http://www.nickols.us/strategy_biblio.htm
3. https://strategyresearchinitiative.wikispaces.com/home

나는 특히 맥길대학의 헨리 민츠버그 교수http://www.mintzberg.org/re-sume, 하버드대학의 마이클 포터 교수http://www.hbs.edu/faculty/Pages/pro!le.aspx?facId=6532, 캘리포니아대학 버클리 캠퍼스의 데이비드 티스 교수

http://facultybio.haas.berkeley.edu/faculty-list/teece-david의 흥미롭고 설득력 있는 연구들에서 많은 영향을 받았다.

주석

서문

1. 원래는 NM 일렉트로닉스NM Electronics라고 불렀다.

2. 경쟁 아비트리지의 '실패'를 이같이 분리한 것은 완전경쟁의 위배를 살펴보는 산업조직론이라는 경제학 분야의 주요 가정이다.

3. 이는 헬머앤드어소시에이트Helmer & Associates에서 일하는 동안 폴 오도넬Paul O'Donnell이 만든 표현이다.

4. 나는 게임이론이 전략 경영에 기여한 가장 중요한 부분은 '비유적'일 것이라는 살로너Saloner의 결론에 매우 공감한다. 비유적으로 그는 게임이론의 근본 가정(정보를 잘 알고 있으며 적절히 동기가 부여되어 최선을 다하는 다양한 참가자의 존재)이 기본 가정으로 적용되어야 함을 말했다. Saloner, Gath. "Modeling, Game Theory, and Strategic Management." *Strategic Management Journal* 12: Issue S2 (1991): 119–136. Print.

5. 관찰된 시가총액은 근본적인 절대 주주가치와 '초과' 자본(예를 들어, 재무상

태표에서 불필요한 현금)의 합이 될 것이며, 절대 가치에서 상대 가치로 바꾸기 위해 주식시장에서의 현재 가격 수준을 반영하여 조정될 것이다.

6. 잉여현금 흐름 요약: https://en.wikipedia.org/wiki/Free_cash_flow#Difference_to_net_income

7. 이 공식을 도출하기 위해 허용 가능한 간소화 가정이 몇 가지 있다. 공식 도출은 서문 부록에 있다. 간소화한 가정들은 부록에서 명확히 제시된다.

8. 차별적 마진은 더욱 중요한 변수다. 시장점유율과 달리 0 이상이라는 제약이 없기 때문이다. 하지만 미묘한 트레이드오프가 있을 수 있다. 예를 들어, 지속적으로 감소하는 시장점유율을 수용한다면 상당 기간 차별적 마진을 개선할 수 있을 것이다(보호되지 않은 가격우산price umbrella의 영향).

9. 전략의 본질에 대한 기본 방정식은 해당 기간 동안 m과 s를 상수로 가정하여 파워의 특징을 간소화한다. 어느 시점에서든 기업의 근본 가치는 미래 잉여현금흐름에 대한 기대의 결과다. 인텔이 점차 발전함에 따라 아비트리지가 약화될 가능성이 더욱 명확해졌고, 그에 따라 $\bar{s}$와 $\bar{m}$에 대한 기대도 바뀌었다.

10. 전략 개발 시, 기존 경쟁자뿐만 아니라 잠재 경쟁자 또한 고려해야 한다. 이러한 접근은 경제학에서도 오랜 역사를 갖고 있다. Baumol, William J., Panzar John C., Willig, Robert D., Bailey, Elizabeth E., Fischer, Dietrich. "Contestable Markets: An Uprising in the Theory of Industry Structure." *The American Economic Review*, Vol. 72, No. 1, (Mar., 1982): 1 – 15. Print.

11. '제3장 카운터 포지셔닝'에서, 다른 비즈니스 부문이 의사 결정에 미치는 영향을 일부 고려한다.

12. '지나치게 단순화하지 않는 것'은 '포괄적임exhaustive'을 뜻하는 또 다른 용

어다. 어떤 프레임워크가 인지적 지침으로서 유용성을 갖기 위해서는 거의 모든 상황을 포함해야 한다. 드물게 일어나는 일부 사건을 배제하는 것은 허용될 수 있는 단순화다. 비즈니스 가치가 모든 비즈니스의 최우선 목표임을 받아들인다면, 우리는 전략의 본질과 전략이 포괄적이라는 것을 전략의 본질에 대한 기본 방정식과 파워의 정의로부터 알 수 있다. 7파워가 포괄적이라는 내 주장은 완전히 다른 성격을 띤다. 이것은 경험적 진술이기 때문이다. 7파워는 내가 전략 컨설턴트로서 다루었던 수백여 건의 사례와 내 학생들을 비롯해 기업과 학계에서 연구한 수많은 사례를 포괄하기에 충분했다. 7파워보다 더 많은 파워 유형이 있을 수도 있다. 전략의 본질에 대한 기본 방정식과 파워의 정의를 충족한다면 새로운 파워 유형 또한 추가될 수 있다. 7파워 도표를 살펴보면 세로축의 항목들이 포괄적임을 쉽게 알 수 있다. 세로축은 현금 흐름을 플러스로 만드는 동인들이다(본문에서 논의했듯이 다소 간소화되었다). 장벽 유형은 가로축의 일반적인 네 가지 장벽밖에 없을까? 나는 이 부분에 대해서도 생각했지만 그것은 이 책의 범위를 벗어난다.

13. 여기서 잔존 가치 문제를 숙고하는 데 도움을 준 예일대학의 윌리엄 브레이너드William C. Brainard에게 감사드린다. 물론 그는 내 실수에 대해 어떤 책임도 없다.

1장 규모의 경제: 크기가 중요하다

14. http://www.webpreneurblog.com/adapt-or-die-netflix-vs-block-buster/

15. 여기서 파워 유형은 제3장에서 다룰 카운터 포지셔닝이었다.

16. 넷플릭스는 다른 각도에서 이 사업에 뛰어든 HBO 같은 경쟁자들과도 부딪혔고, 그들에 대해서도 파워가 필요했다. HBO와 유사 경쟁사들에 대한

넷플릭스의 파워는 제3장에서 다루는 카운터 포지셔닝에서 비롯되었다.

17. 논의의 단순화를 위해 현금흐름을 개선하고 투자 요구를 감소시키는 세 번째 방법은 여기서 고려하지 않는다.

18. https://finance.yahoo.com/

19. 〈뉴욕타임스New York Times〉에서 이에 대해 자세히 보도했다. http://www.nytimes.com/2013/04/27/business/netflix-looks-back-on-its-near-death-spiral.html?pagewanted=all&_r=0

20. 이 방정식의 도출 과정은 부록 1.1에 있다.

21. 경제학 용어로 두 항목은 내생적이다.

2장 네트워크 경제: 집단 가치

22. 네트워크 경제는 경제학 문헌에서 자세히 다루므로 여기서는 간략히 살펴볼 것이다. 더 깊이 알고 싶은 독자에게는 다음을 추천한다. Shapiro, Carl, and Hal R. Varian. *Information Rules: A Strategic Guide to the Network Economy*. Boston: Harvard Business Press, 2013. Print.

23. 출처: http://www.ere.net/2012/06/23/branchout-keeps-falling-down-down/

24. 이 공식은 부록 2.1에서 도출한다.

25. http://www.forbes.com/quotes/9638/

3장 카운터 포지셔닝: 진퇴양난

26. https://www.vanguard.com/bogle_site/lib/sp19970401.html

27. https://about.vanguard.com/who-we-are/a-remarkable-history/

28. http://www.icifactbook.org/fb_ch2.html#popularity

29. Levitt, Theodore. "Marketing Myopia." https://hbr.org/2004/07/marketing-myopia. 이것은 비즈니스의 정의에 대해 심도 깊은 오랜 논의를 촉발한 훌륭한 논문이다. 이 역량의 부족은 자원 기반 관점에 대한 문헌에 상세히 언급된다.

30. Nelson, Richard R., and Sidney G. Winter. *An Evolutionary Theory of Economic Change*. Cambridge: Harvard University Press, 2009. Print.

31. 전략의 본질에 대한 기본 방정식의 관점에서 볼 때, 파괴적 기술은 방정식의 왼쪽 항(시장 규모)에 대해 알려줄 뿐 오른쪽 항(파워)에 대해서는 알려주지 않는다.

4장 전환 비용: 중독

32. http://www.computerworld.com.au/article/542992/sap_users_rattle_sabers_over_charges_user-friendly_fiori_apps/

33. http://www.amasol.com/!les/sap_performance_management_-_a_trend_study_by_compuware_and_pac.pdf

34. http://www.socialmediatoday.com/content/guest-post-back-popular-demand-basic-maintenance-offering-sap

35. http://www.cio.com.au/article/181136/hp_supply_chain_lesson/?pp=2

36. https://finance.yahoo.com/

37. http://www.cio.com.au/article/181136/hp_supply_chain_lesson/

38. Farrell, Joseph, and Paul Klemperer. "Coordination and Lock-in: Competition with Switching Costs and Network Effects." Handbook

of Industrial Organization 3 (2007): 1967 – 2072. Print.

39. https://finance.yahoo.com/q/hp?s=SAP+Historical+Prices

40. 전환 비용이 고객 비즈니스에 대한 맞춤화/통합을 통해 발생한다면 고객 또한 현재 제품의 품질이 경쟁사의 제품보다 좋다고 인식할 것이다. 이 경우 그 기업은 더 좋은 품질에 대해 더 높은 가격을 부과할 수 있지만 경쟁 업체는 경쟁력 있는 비용으로 그만한 품질을 제공할 수 없다.

41. 이 책에서 나는 제품과 서비스 모두 또는 둘 중 하나를 의미하는 용어로 '제품'을 사용한다.

42. Burnham, Thomas A., Judy K. Frels and Vijay Mahajan, "Consumer Switching Costs: A Typology, Antecedents, and Consequences." *Journal of the Academy of Marketing Science*, 2003, 31:2, pp. 109 – 126. Print.

43. 관계적 전환 비용과 브랜딩의 차이에 주의하라. 높은 가격을 부과할 수 있는 능력이 재화나 서비스의 실질적 소유가 아닌 긍정적인 정서적 유발성에서 비롯된다면 그것은 브랜딩이다. 구매 후 제품의 사용 경험에서만 비롯된다면 그것은 전환 비용이다. 이 장벽을 극복하기 위해 도전 기업은 브랜딩 파워를 환기시키고 현재 공급자와 관련된 긍정적인 유발성을 대체하여 유사한 긍정적인 관계 경험을 생성할 수 있다는 평판을 형성해야 할 것이다.

44. 제9장에서 도약 단계가 전환 비용 파워를 확립해야 할 시기 중 하나임을 제시할 것이다. 이는 동역학에서 도출된 결론으로, 도약 이후 그러한 아비트리지가 이득을 상쇄시켜 더 이상 파워를 발휘할 수 없게 만든다는 것을 의미한다.

45. https://en.wikipedia.org/wiki/List_of_SAP_products

46. https://en.wikipedia.org/wiki/SAP_SE

47. https://en.wikipedia.org/wiki/SAP_SE 1991년부터 2014년까지.

48. https://en.wikipedia.org/wiki/SAP_SE

5장 브랜딩: 기분 좋은 경험

49. http://abcnews.go.com/GMA/Moms/story?id=1197202

50. http://www.tiffany.com/WorldOfTiffany/TiffanyStory/Legacy/Blue-Box.aspx

51. YCharts.com

52. https://finance.yahoo.com/

53. http://investor.tiffany.com/releasedetail.cfm?ReleaseID=741475

54. Rusetski, Alexander. "The Whole New World: Nintendo's Targeting Choice." *Journal of Business Case Studies* (JBCS) 8.2 (2012): 197–212. Print.

6장 독점자원: 모두 내 것

55. http://www.rogerebert.com/reviews/toy-story-1995

56. 영화 제작비 대비 박스오피스 매출은 영화의 수익성 지표로 이용된다. 물론 이 도표는 미국 박스오피스만 포함된 것이며 극장 개봉 이외의 수입은 포함되지 않았다.

57. http://boxofficequant.com/23/ from data from www.the-numbers.com

58. 해밀턴 헬머의 개인적인 편지에서 인용.

59. Price, D. A. (2008). *The Pixar Touch: The Making of a Company.*

New York: Alfred A. Knopf, p. 107. Print. 한국어판 출간명은《픽사 이야기》(흐름출판)이다.

60. 브랜드 버드 같은 사례(능력이 입증된 감독이 픽사에 합류해 처음으로 상업적 성공을 거두는 경우)가 많았다면 더 깊은 원인이 작용한다고 주장할 수도 있을 것이다. 하지만 지금까지 브랜드 버드의 경험은 특이한 사례이며 따라서 그러한 결론으로 이어지지 않는다.

7장 프로세스 파워: 한 걸음 한 걸음

61. https://en.wikipedia.org/wiki/Ford_River_Rouge_Complex

62. http://www.inboundlogistics.com/cms/article/the-evolution-of-inbound-logistics-the-ford-and-toyota-legacy-origin-of-the-species/

63. http://www.thehenryford.org/exhibits/modelt/pdf/ModelTHeritage-SelfGuidedTour_hfm.pdf

64. https://en.wikipedia.org/wiki/Planned_obsolescence

65. *The Economist*, July 17, 2015, "Hypercars and Hyperbole."

66. Spear, Steven, and H. Kent Bowen. "Decoding the DNA of the Toyota Production System." *Harvard Business Review* 77, no. 5 (September–October 1999): 96–106. Print.

67. http://www.thisamericanlife.org/radio-archives/episode/403/transcript

68. https://finance.yahoo.com/

69. 학계에서는 전략 경영으로 불린다.

70. Porter, M. E. "What Is Strategy?" *Harvard Business Review* 74, no. 6

(November – December 1996): 61 – 78. Print.

71. 전략 동역학으로 넘어가면서 언급했듯이 탁월한 운영은 특정 파워 유형에 매우 중요할 수 있다.

72. Argote, L., and D. Epple. "Learning Curves in Manufacturing." Science 247.4945 (1990): 920 – 24. Web.

73. 이 경우 각 기업은 서로 평행하고 비슷한 기울기의 경험 곡선을 나타낼 것이며 '경험' 차이에 따라 수평적인 위치가 달라질 것이다.

74. Simon, Herbert A. "Bounded Rationality and Organizational Learning." Organization Science 2.1 (1991): 125 – 34. Web.

75. Hughes, Jonathan R.T. "Fact and Theory in Economic History." Explorations in Economic History 3, no.2 (1966): 75 – 101. Print.

76. Prahalad, Coimbatore K. "The Role of Core Competencies in the Corporation." Research Technology Management 36.6 (1993): 40. Print.

8장 파워에 이르는 길: '나도'는 안 된다

77. '파워=이득+장벽'은 변경 가능하며 포괄적이다. 이 책의 7파워가 포괄적이라는 내 의견은 경험적 진술이다. 그동안 내가 수행했던 모든 전략 프로젝트뿐만 아니라 내 학생들이 연구했던 모든 사례가 일곱 가지 유형에 포함되기 때문이다. 하지만 새로운 파워 유형이 등장한다면 쉽게 추가될 수 있다. 어떤 특성의 파워 유형이든 그것은 이득+장벽 요건을 충족해야 한다. 그렇지 않으면 전략의 본질에 대한 기본 방정식에서 $\overline{m}$이 0보다 크지 않을 것이며, 따라서 가치를 얻지 못할 것이다.

78. http://www.inc.com/magazine/20051201/qa-hastings.html

79. 위 사이트.

80. http://techcrunch.com/2011/01/27/streaming-subscriber-growth-netflix

81. http://allthingsd.com/20100810/its-offcial-epix-netflix-announce-multi-year-deal-for-streaming-movies/

82. http://deadline.com/2011/03/netflix-to-enter-original-programming-with-mega-deal-for-david-fincher-kevin-spacey-drama-series-house-of-cards-114184/

83. http://www.nytimes.com/2015/04/20/business/media/netflix-is-betting-its-future-on-exclusive-programming.html?_r=0

84. https://en.wikipedia.org/wiki/List_of_original_programs_distributed_by_Netflix

85. https://finance.yahoo.com/

86. Mintzberg, Henry. *Crafting Strategy*. Boston, MA: Harvard Business School Press, 1987: 65 – 75. Print.

87. Porter, Michael E. "Towards a Dynamic Theory of Strategy." Strat. Mgmt. J. Strategic Management Journal 12.S2 (1991): 95-117. Web.

88. 제1장에서 나는 산업 경제구조와 관련하여 '내생적'이라는 경제학 용어를 사용했다. 이는 산업 경제구조가 비즈니스의 통제 범위 밖에 있다고 여기는 것과 달리 비즈니스가 산업 경제구조에 영향을 미칠 수 있다는 것을 의미한다. 스트리밍은 이를 보여주는 좋은 사례다. 넷플릭스는 산업 경제구조(모든 업체에서 직면한 조건)를 바꾸었다.

89. 이 도표에서 화살표를 점선으로 표시한 것은 보장이 아닌 가능성을 나타내기 위해서다. 자원과 변화된 외부 환경은 발명으로 이어질 수도, 이어지지 않을 수도 있으며, 발명은 파워로 이어질 수도, 이어지지 않을 수도 있다. 넷

플릭스는 스트리밍에 진입하지 않기로 쉽게 결정할 수도 있었다. 아니면 스트리밍에 진입해 오리지널 콘텐츠라는 공을 놓칠 수도 있었다.

90. 헬머앤드어소시에이트의 사려 깊은 파트너 밥 만츠Bob Manz가 이 용어를 만들었다.

91. 앞선 논의와 달리 여기서 말하는 가치는 기업이 아닌 고객에 대한 가치와 관련된다. 하지만 매력적인 가치의 정의에 매력적인 수익이 실현되는 가격 책정이라는 조건을 포함함으로써 기업의 이득 요건에 대한 가치를 충족한다.

92. Grove, Andrew S. *Only The Paranoid Survive* New York: Currency Doubleday, 1996. Print. 한국어판 출간명은《편집광만이 살아남는다》(부키)이다.

93. 어도비의 밥 울프Bob Wulff와 해밀턴 헬머의 인터뷰.

94. *Business Week*, May 25, 1998 as cited in http://archive.wired.com/gadgets/mac/ commentary/cultofmac/2006/03/70512?current-Page=all

95. Hecht, Jeff. *City of Light: The Story of Fiber Optics.* New York: Oxford UP, 1999. 139. Print.

96. 나는 이 발명에 대해 슐츠 박사를 인터뷰했다. 그는 세인트토머스에 있는 자택에 역사적인 이 샘플을 아직도 보관하고 있다.

97. Nathan, John. *Sony: The Extraordinary Story behind the People and the Products.* London: HarperCollinsBusiness, 1999. 304. Print.

98. Burgelman, Robert A., and Grove, Andrew S. *Strategy Is Destiny: How Strategy-Making Shapes a Company's Future.* New York: Free, 2002. Print. 한국어판 출간명은《전략은 운명이다》(스마트비즈니스)이다.

99. 알파는 저절한 위험 조정 후의 '시장' 수익을 초과하는 수익이다.

100. 22년의 기간은 개인 계좌와 스트래티지 캐피털 운영의 두 가지 투자를 모두 포함한다. 내가 주식 투자를 완전히 중단했던 두 번의 시기는 포함되지 않는다. 이 시기를 포함할 경우 비교 기준보다 내 수익률이 높아질 것이다. 투자 재개와 중단이 시기적으로 유리하게 결정되었기 때문이다.

101. 물론 이 수치는 늘어난다. 투자기간 동안 내 포트폴리오는 615.9배 증가했고, S&P500TR는 12.1배 증가했다.

102. 내 포트폴리오는 무차입으로 운영된다.

103. 이 확률은 추첨에 대한 평가다. "1994~2015년의 투자기간에 뽑은 종목 가운데 각각의 보유기간 동안 시장보다 높은 수익을 얻는 데 실패한 종목은 몇 퍼센트인가?"

9장 파워의 발전: 돌고, 돌고, 돌고

104. 이와 유사하게 흥미로운 사실을 보여주는 사례로 IBM의 메인프레임 사업과 PC 사업이 있다. 메인프레임은 파워를 보유한 반면 PC는 파워를 보유하지 못했다.

105. 더 자세히 알고 싶은 독자들에게 *The Intel Trinity*를 추천한다. 인텔에 대해 내가 간략히 설명한 내용은 대부분 마이클 말론의 이 훌륭한 연구를 바탕으로 한다. Malone, Michael. *The Intel Trinity: How Noyce, Moore, and Grove Built the World's Most Important Company.* HarperBusiness, 2015. Print. 한국어판 출간명은 《인텔: 끝나지 않은 도전과 혁신》(디아스포라)이다.

106. https://en.wikipedia.org/wiki/IBM_Personal_Computer

107. https://finance.yahoo.com/

108. 인텔의 파워 출처를 면밀히 분석해준 멘토 그래픽스Mentor Graphics의 CEO

월리 라인스Wally Rhines와 젬파인더앤드미첼 캐피털Gemfinder and Mitchell Capi-tal의 빌 미첼에게 감사를 표한다.

109. 해밀턴 헬머의 개인적인 편지에서 인용.

110. http://jeremyreimer.com/m-item.lsp?i=137

111. 독점자원은 발생 단계 이후에 작용할 수 있다. 예를 들어, 이후 단계에서 이루어진 특정 프로세스 혁신은 특허를 받을 수도, 기업 비밀로 유지될 수도 있다. 하지만 대부분은 중요성 테스트를 통과하지 못한다. 많은 경우 기본 지위가 아비트리지의 영향을 훨씬 빨리 받기 때문에 수익에 대한 독점자원의 기여는 점점 증가한다.

112. 시장이 크다면 도약 기간에 규모가 매우 크게 확대되어 그러한 복잡성/불투명성이 달성될 수도 있다.

113. 이러한 특성은 부록 8.1에서 논의했던 투자 결과의 밑바탕이 되기도 한다.

저자 소개

해밀턴 헬머는 현장의 비즈니스 전략가로 경력을 쌓아왔다. 그는 자신이 설립한 컨설팅 회사인 헬머앤드어소시에이트Helmer & Associates(이후 딥스트레터지Deep Strategy로 변경)에서 어도비 시스템Adobe Systems, 애질런트테크놀로지스Agilent Technologies, 코세라Coursera, 휴렛팩커드Hewlett-Packard, 존핸콕 생명보험John Hancock Mutual Life, 멘토 그래픽스Mentor Graphics, 넷플릭스Netflix, 레이켐Raychem, 스포티파이Spotify 등의 주요 고객과 200여 건의 전략 프로젝트를 이끌었다. 또한 지난 20년 동안 전략의 본질에 대한 개념을 활용해 주식 투자자로 활동했으며, 현재 공동 설립한 스트레티지 캐피털Strategy Capital의 최고운용책임자Chief Investment Officer를 맡고 있다. 헬머앤드어소시에이트를 설립하기 전에는 베인앤드컴퍼니Bain & Company에서 일했다. 예일대학에서 경제학 박사

학위를 취득했고, 윌리엄스칼리지Williams Collage의 파이 베타 카파* 졸업생이다. AS&EAmerican Science and Engineering(나스닥 종목명: ASEI)의 이사회 의장으로 은퇴하여 현재 스탠퍼드대학 경제학과에서 비즈니스 전략을 가르치고 있다.

더 많은 정보는 www.7powers.com에서 볼 수 있다.

---

* Phi Beta Kappa, 미국 주요 대학의 최우수 학생들로 구성된 엘리트 클럽.